엘런 머스크의 가치 있는 상상

테슬라부터 스페이스X까지, 비즈니스의 판을 바꾸다
엘런 머스크의 가치 있는 상상

1판 1쇄 발행 2014년 11월 20일
1판 2쇄 발행 2015년 3월 30일

지은이 오세웅
펴낸이 이윤석
펴낸곳 아틀라스북스
등록 2014년 8월 26일 제306-2014-16호

기획편집총괄 송준화
마 케 팅 총 괄 박진규
디자인 김민정   일러스트 송영채

주소 (131-848) 서울시 중랑구 공릉로 18, 310호(묵동)
전화 070-8825-6068
팩스 0303-3441-6068
이메일 atlasbooks@naver.com

ISBN 979-11-950696-0-6 (13320)
값 12,000원

저작권자 ⓒ 오세웅 2014~2015
이 책의 저작권은 저자에게 있습니다. 서면의 의한 저자의 허락없이
내용의 일부를 인용하거나 발췌하는 것을 금합니다.

이 도서의 국립중앙도서관 출판시도서목록(CIP)은 서지정보유통지원시스템 홈페이지
(http://seoji.nl.go.kr)와 국가자료공동목록시스템(http://www.nl.go.kr/kolisnet)에서
이용하실 수 있습니다.(CIP제어번호: CIP2014030899)

*이 책의 표지와 본문에 사용된 이미지는 구글 검색을 통한 재사용 가능 이미지와 스페이스X, 테슬라,
 솔라시티, 마스원 홈페이지에 있는 이미지를 사용했습니다.

엘런 머스크의 가치 있는 상상

Elon Musk

테슬라부터 스페이스X까지,
비즈니스의 판을 바꾸다

오세웅 지음

| 프롤로그 |

**가치 있는 상상을 현실로 만들어내는 CEO, 엘런 머스크
그의 야망과 도전은 여전히 '현재진행형'이다!**

우리에게는 기업가 이전에 '영화 〈아이언맨〉 토니 스타크의 실제 모델'이라는 수식어로 더 잘 알려져 있는 엘런 머스크. 그가 현재 미국을 비롯한 전 세계 비즈니스의 판을 바꿔나가고 있다. 그 변화의 중심에는 그가 이끌고 있는 3개의 기업인 스페이스X, 테슬라, 솔라시티가 존재한다. 과연 엘런 머스크는 어떤 사람일까? 어쩌면 〈블룸버그〉에서 정리한 다음 자료가 그를 이해하는 데 도움이 될지 모르겠다.

- 〈포브스〉에 따르면 2014년 현재 42세인 엘런 머스크의 가치는 70억 달러(약 7조 4,000억 원)에 이른다고 한다.
- 엘런 머스크는 아메리칸 드림 그 자체이다. 그가 창업한 페이팔PayPal은 이베이ebay에 무려 15억 달러에 매각되었다.
- 그는 페이팔을 매각해서 번 돈으로 곧장 민간 우주 로켓 개발업체인 스페이스XSpaceX, 2002를 창업했으며, 2년 후에는 전기 자동차를 제조하는 테슬라TESLA, 2004를 창업하고, 또 2년 후에는 태양광 에너지업체인 솔라시티SolarCity, 2006를 린든 라이브Lyndon Rive와 공동 창

업했다.
- 2012년 6월 14일, 스페이스X는 민간기업 최초로 자체 제작한 우주선을 이용해 국제우주정거장에 물자를 수송하는 데 성공했다.
- 2013년 자동차 전문지 〈모터 트렌드Moter Trend〉에서는 테슬라의 전기 자동차 '모델 S'를 '올해의 자동차'로 선정했다.
- 2013년 〈타임지〉에서는 그를 '세계에서 가장 영향력 있는 인물 100명'으로 선정했으며, 〈아틀란틱〉에서는 그를 '최고의 발명가'로 선정했다.
- 그는 2030년까지 화성에 유인 우주선을 보내 자립도시를 만들겠다고 공언했다.
- 그는 2013년에 진공튜브를 사용해 로스앤젤레스에서 샌프란시스코까지 30분 만에 이동할 수 있는 교통수단인 하이퍼루프를 개발하겠다고 발표했다.
- 그는 007 시리즈 중 〈내가 사랑한 스파이(1997)〉에 등장한 수륙양용 자동차인 로터스 에스프리를 경매로 구입한 후, 실제로 수륙양용 자동차를 개발하겠다고 공언했다.
- 그는 미국 국회의원들이 함께 사진 찍고 싶어 하는 인물 중 한 명이며, 2010년에는 오바마 대통령이 스페이스X의 케이프 커내버럴 로켓 발사기지에 직접 방문해 머스크와 담소를 나누기도 했다.
- 그는 12개의 좌석이 구비된 자가용 제트기를 타고 다니며, 일주일에 100시간을 일하는 CEO이다.
- 그는 테슬라를 '루저(실패자)'라고 혹평한 기업인이자 정치인 미트 롬니Mitt Romney를 상대로 '당신이야말로 루저'라고 카운터펀치를

날렸다.
- 그는 〈뉴욕타임즈〉에서 모델 S를 혹평하자, 차량 데이터를 조목조목 제시하며 날조라고 반격했다.
- 그는 경쟁에 신경 쓰지 않는다. 모건 스탠리의 애널리스트가 BMW의 전기차 i3에 대한 생각을 물었을 때, 그는 웃음을 띠며 "나는 타사가 정열적으로 전기 자동차시장에 진출하기를 바란다"고 대꾸했다.
- 그는 2008년 말 테슬라와 스페이스X가 동시에 파탄위기에 처했을 때, 어느 한 쪽을 선택하지 않고 위험을 감수하며 남은 돈을 탈탈 털어 두 기업에 분담함으로써 두 기업 모두를 구해냈다.
- 엘런 머스크는 여전히 현재진행형인 기업가이다.

현재진행형인 기업가. 이것이 바로 엘런 머스크에 대해 알면 알수록 오히려 궁금증이 늘어나는 이상한 현상을 만드는 이유일 것이다. 그는 아무렇지도 않게 보통사람의 상상력을 훌쩍 뛰어넘는 사람이다. 게다가 모두가 불가능하다고 여기던 상상을 매번 '현실'로 만들어냄으로써 사람들을 놀라게 한다.

그는 우주 로켓에 대해 전혀 아는 바도 없이 스페이스X를 창업했다. 그리고 그때까지 천문학적인 비용을 들이지 않고는 불가능하다고 인식되었던 우주 로켓 발사에 성공했다. 게다가 '로켓 재활용'이라는 발상을 통해 로켓 발사비용을 획기적으로 줄임으로써 사람들을 감탄시켰다.

이 일로 끝났다면 그가 지금처럼 사람들의 이목을 집중시키지는 못했을 것이다. 그는 스페이스X에 이어 순수 전기 자동차를 만들겠다는 야심을 품고 테슬라를 창업했다. 그 결과, 테슬라에서 만든 첫 번째 전기 자동차 로드스터는 포르쉐와의 비교 시승에서 압도적인 승리를 거두었으며, 후속 버전으로 출시된 모델 S는 언론으로부터 '가장 섹시한 자동차'라는 칭호를 받았다.

그의 행보는 여기서 그치지 않는다. 이번에는 태양광 에너지로 세계를 정복할 야심을 드러내며 솔라시티를 창업한다. 여기서 그는 또 한 번 '태양광 패널의 무상 설치와 20년 장기 임대'라는 놀라운 발상을 시도함으로써 솔라시티를 성공궤도에 올려놓는다.

그는 앞으로도 음속으로 질주하는 교통수단인 하이퍼루프, 수륙양용 자동차, 화성으로 인류를 보내는 멀티 플래닛 프로젝트를 실현하겠다고 공언하고 있다.

새로운 물결은 언제나 비웃음을 사기 마련이다. 머스크 역시 그러한 현실을 피할 수는 없었다. 스페이스X가 로켓 발사에 연이어 실패했을 때, 테슬라의 로드스터가 개발 난항으로 출시가 지연되었을 때 사람들은 '꿈만 커다랗게 부풀린 아마추어의 풍선이 터졌다'고 비아냥댔다. 또한 전기 자동차 개발에 대해 적대적인 성향을 가진 거대 석유업체의 견제를 받기도 했고, 언론의 근거 없는 혹평에 시달리기도 했다. 하지만 그는 이러한 시련에 결코 굴복하거나 타협하지 않고, 오히려 세상을 향해 이렇게 소리쳤다.

"근거 없는 두려움은 무시해야 한다. 그 두려움이 합리적이고, 냉정히 생각했을 때 실패할 가능성이 높더라도, 도전할 가치가 있다면 그 두려움을 무시하고 전진해야 한다. 설사 실패하더라도 도전할 가치가 있기 때문이다."

세상이 머스크를 비웃었던 이유는 그의 상상이 합리적이지 않기 때문이다. 하지만 합리적인 생각으로는 오래된 불가능을 깰 수 없다. 엘런 머스크는 '세상의 모든 진보는 비합리적인 손에서 창조된다'는 사실을 알고 있는 사람이다.

● 엘런 머스크는 엘런 머스크이다!

스티브 잡스가 세상을 떠난 후, 전 세계의 많은 언론들이 엘런 머스크를 '넥스트 잡스'로 지목하기를 주저하지 않았다. 하지만 그를 잘 알고 있는 사람들은 '엘런 머스크는 제2의 스티브 잡스가 아니다. 엘런 머스크는 엘런 머스크이다'라고 단호하게 이야기한다. 물론 잡스를 비하하거나 그의 업적을 작게 보아서가 아니다. 다만 다음과 같은 표현처럼 잡스가 추구하는 가치와 머스크가 추구하는 가치에는 본질적인 차이가 있음을 강조하고 싶었던 듯하다.

'잡스는 우리가 살아가는 방식을 바꿨지만, 머스크는 세상을 바꾸는 일을 하고 있다.'

이 말을 이해하려면 머스크가 젊은 시절부터 품고 있던 강력한 미션을 들여다보아야 한다.

'지구가 아닌 다른 행성(화성)에서 생활하기.'

이것은 단순히 우주 여행을 의미하지 않는다. 이 미션에는 '환경오염과 폭발적인 인구증가로 인해 위기에 처한 지구와 인류를 구해야 한다'는 그의 강한 의지가 담겨 있다. 현재 그가 진행하는 우주 로켓, 전기 자동차, 태양광 에너지라는 3개의 사업에는 바로 이러한 의미, 즉 '지구와 인류의 바람직한 미래'라는 공통분모가 존재한다.

앞서 말했듯이 그는 현재진행형 기업가이다. 그는 지금까지 만든 현실에 안주하지 않고 지금 이 시간에도 부지런히 지구를 뛰어다니고 있다. 2030년에 화성에 유인 우주선을 보내 자립도시를 건설하겠다는 그의 거대한 계획은 이미 절반은 실현되어 있다. 앞으로도 그의 상상력은 지구라는 한정된 공간에 머물지 않을 것이다. 그리고 그가 만드는 현실은 서서히 우리 생활에 녹아들면서 그 가치를 음미하게 만들 것이다.

이제 우리가 직접 엘런 머스크가 어떤 사람이며, 어떤 생각을 하고 있는지 알아볼 시간이다. 독자 여러분이 이 책을 통해 상상력의 차이가 얼마나 위대한 결과를 가져오는지 찬찬히 깊이 있게 들여다보아주었으면 한다. 또한 우리가 가진 상상력의 빈곤함을 탓하지 말고, 상상력이란 얼마든지 넓고 깊게 가질 수 있다, 라는 사실을 이해했으면 한다. 엘런 머스크도 거기서부터 시작했으니까.

CONTENT

- 프롤로그 ●4

1장 본질을 추구하는 소프트웨어 가이(Software Guy)

01 테크놀로지를 넘어 인류의 미래를 상상하다 ●14

실리콘밸리의 애송이가 상상한 지구와 인류의 미래●15 | 미션을 구체화하는 강력하고 핵심적인 질문●17 | 성공을 보장할 수 없는 무모한 도전●19 | 작은 한 걸음, 하지만 인류 전체로서는 커다란 도약●21

02 파헤치고 파헤치면 본질이 나온다 ●24

우주 로켓, 전기 자동차, 태양광 에너지의 공통분모●25 | 테슬라 그리고 위대한 과학자 니콜라 테슬라●28 | 물리법칙에 따른다면 불가능은 없다●30

03 지옥의 입구에서도 미래를 위한 끈을 놓지 않다 ●34

처음부터 파격적인 전기 자동차가 아니면 안 된다●35 | 막연한 상상을 눈에 보이는 형태로 만드는 경이로움●38

2장 실리콘밸리에서 이룬 아메리칸 드림

01 남아공의 천재소년, 아메리칸 드림을 실현하다 ●46

고향을 떠나 IT 제국으로●47 | ZIP2, 엑스닷컴 그리고 페이팔●51

02 쫓겨난 CEO, 공룡이 되다 ●54

창업한 기업에서 쫓겨난 CEO●55 | 하루아침에 억만장자가 되다●57 | 페이팔 마피아, 지구를 정복하다●58

3장 불가능을 깨다, 문샷 씽킹(Moonshot Thinking)

01 현실적인 한계를 역발상으로 넘어서다 ● 64
최소한 고도 300km는 날았다! ● 65 ｜ 문샷 씽킹, 포르쉐를 압도한 로드스터 ● 68 ｜ 범용성에서 찾은 전기 자동차 상용화의 열쇠 ● 73 ｜ 거대 언론의 도발에 정면으로 맞서다 ● 76

02 오래된 불가능을 현실로 이끌다 ● 80
질은 양에서 나온다 ● 81 ｜ All Systems Green! 마법의 용, 우주를 날다 ● 83 ｜ 로켓 제작비용을 인터넷에 공개하다 ● 87 ｜ 완전히 경제적인 계획, 우주 로켓의 재활용 ● 90

03 두 눈으로 보니, 믿지 않을 수 없다 ● 96
테슬라의 밑바닥 난 자금에 숨통이 트이다 ● 97 ｜ 성공의 시너지가 성공으로 끝난다는 보장은 없다 ● 102 ｜ 천천히 가면서 이익을 내겠다 ● 106

4장 가치 있는 상상, 비즈니스의 판을 바꾸다

01 창조는 아무나 할 수 없지만, 상상은 누구나 할 수 있다 ● 110
솔라시티를 설립하다 ● 111 ｜ 커머디티, 쓸모 있는 것으로 쓸모 있는 것을 만든다 ● 114

02 세상에서 가장 섹시한 차를 만들다 ● 118
달리는 스마트폰, 모델 S ● 119 ｜ 리콜이란 표현은 리콜되어야 한다 ● 129

03 독점되는 시스템과 권력은 바꿔야 한다 ● 134
개인이 전기를 소유하는 시대를 열다 ● 135 ｜ 누가 전기 자동차를 죽였을까? ● 140

04 우리는 이곳에서 미래를 만들고 있다 ● 146
사람들은 성장 스토리를 좋아한다 ● 147 ｜ 테슬라의 지향점은 에코가 아닌 프리미엄 자동차이다 ● 150 ｜ 이노베이션을 창조하는 공간 ● 155

5장 인류의 진보를 이끄는 테크놀로지 리더십

01 자동차라는 상품에 새로운 가치를 불어넣다 ● 162
난관을 돌파하는 힘 ● 163 | 배터리의 한계를 넘어서다 ● 165

02 진정한 테크놀로지 리더십을 보여주다 ● 170
특허의 전면 개방, 오래된 사고방식을 깨다 ● 171 | 모델 X, 세상에 모습을 드러내다 ● 175 | 테슬라의 비밀 마스터 플랜 ● 178 | 기가팩토리, 세계 최대의 리튬 이온 배터리 공장 ● 180 | 모델 3, 자동차 역사의 혁명을 예고하다 ● 183 | 하이퍼루프, 음속으로 질주하는 제5의 교통수단 ● 185

03 화성을 누구라도 갈 수 있는 곳으로 만들겠다 ● 190
그래서 나는 화성으로 간다 ● 191 | 지구든 화성이든 생존의 화두는 '신뢰'와 '화합'이다 ● 198 | 화성을 향하는 목표는 인류의 창조적 원동력이다 ● 204

04 세상의 모든 진보는 비합리적인 손에서 창조된다 ● 210
스티브 잡스와 엘런 머스크, 두 천재의 조우 ● 211 | 국가도 기업도 비전을 잃으면 멸망한다 ● 218

- 엘런 머스크, ⋯ing ● 220
- 엘런 머스크 어록 – 엘런 머스크가 엘런 머스크를 말하다 ● 225
- 네티즌이 묻고 엘런 머스크가 답하다 ● 228
- 참고문헌 및 웹사이트 ● 231

 1장

본질을 추구하는 소프트웨어 가이
(Software Guy)

01

테크놀로지를 넘어
인류의 미래를 상상하다

Elon Musk

● 실리콘밸리의 애송이가 상상한 지구와 인류의 미래

실리콘밸리라는 곳은 꿈의 확대경이다. 그곳에서는 청춘의 꿈이 수십만 배 혹은 수백만 배의 현실로 얼마든지 바뀔 수 있다. 물론 꿈이 성공으로 이어지는 공간 뒤편에서는 버려지거나 걷어차이는 꿈도 많다. 지금 이 시간에도 그곳 실리콘밸리에는 그 꿈을 실현하기 위해 세계 각국에서 잠재적인 용들이 모여들고 있다. 실리콘밸리는 여전히 신화가 탄생하는 곳이다.

엘런 머스크 역시 실리콘밸리의 수많은 청춘들과 마찬가지로 청바지에 티셔츠를 즐겨 입는 소프트웨어 가이Software Guy였다. 그런 그에게도 신화가 만들어질 기회가 찾아왔다. 2002년, 자신이 최대주주로 있는 페이팔PayPal이 이베이ebay에 15억 달러에 매각되면서 하루아침에 엄청난 부자가 된 것이다. 페이팔 지분의 12%를 소유하고 있던 머스크는 단숨에 1억 6,500만 달러를 손에 쥐었다. 그의 나이 불과 31세 때 일이다.

머스크는 실리콘밸리에 입성하기 전인 펜실베니아대학 재학 시절, '장차 인류의 미래에 정말 중요하고 필요한 것이 무엇인지'를 곰곰이 생각해 보았다. 고민 끝에 그가 나름대로 내린 결론은 다음과 같았다.

첫째, 인터넷.

인터넷은 동시성과 대중성을 포함하는 중요한 소통수단이다. 일반적인 상식과는 달리 아직 인터넷은 그 활용도가 불과 10%도 되지 않는다. 땅속에 묻힌 황홀한 보물을 캐듯, 인터넷 상에서 대중적 관심과 경제적 성공을 거머쥘 수 있는 소프트웨어나 툴을 개발할 여지는 얼마든지 남아 있다. 실리콘밸리에서의 꿈은 대개 그런 보물찾기를 통해 성공으로 실현된다.

둘째, 지구의 위험.

지구상의 인류는 이미 80억 명에 달했고, 수십 년 내에 100억 인구가 될 전망이다. 그때가 되면 생존에 기초적으로 필요한 물이나 식량의 부족이 피부에 와 닿는 현실이 된다. 다시 말해 그것들이 당장 발등에 떨어진 '급한 불'이 되므로 끄지 않으면 안 된다. 또한 지구의 환경도 인류의 건전한 생존을 위협하고 있다. 이산화탄소를 비롯한 유해물질이 갈수록 지구를 오염시키고 있다. 또 이상기후로 인해 해수면이 높아지면서, 어제까지는 육지였던 곳에 갑자기 물이 들어차 지형 자체가 바뀌는 곳이 늘어가고 있다. 이러한 현상은 자각自覺의 눈을 조금만 지구로 돌려보면 금세 알아챌 수 있다. 하지만 대부분의 사람들은 여전히 괜찮아지겠지, 라는 '막연한 낙관론'에 기대고 있다.

셋째, 지구가 아닌 다른 행성에서 생활하기.

지구온난화, 심각한 환경오염, 인구의 폭발적 증가는 인류가 지구가 아닌 다른 행성으로 이주할 필연적인 이유가 된다. 현재 몸살을 앓고 있는 지구가 머지않아 독감에 걸려 힘없이 비틀댈지 모른다. 당장이라도 비상약을 준비해두어야만 막상 위기에 처했을 때 유효적절하게 써먹을 수 있다.

머스크는 고작 20대의 여물지 않은 애송이였던 시절에 이미 '지구와 인류'라는 거창하고 포괄적인 주제로 고민했다.

우리의 몸은 공중으로 뛰어오르면 금세 지면에 떨어진다. 공중에 머무는 시간은 찰나에 불과하다. 하지만 우리가 가진 생각은 영원하다. 그렇지만 머릿속에서 제 아무리 거창한 건물을 설계하더라도 실제로 삽을 들고 땅을 파기 시작하는 사람은 드물다. 엘런 머스크는 손에 흙을 묻힐 줄 아는 '애송이'였다.

● 미션을 구체화하는 강력하고 핵심적인 질문

머스크는 페이팔 매각 건으로 손에 쥔 1억 6,500만 달러의 거금으로 얼마든지 새로운 IT사업을 시작할 수 있었다. 아니면 인생을 유유자적하고 풍요롭게 보내거나, 실리콘밸리에서 성공을 꿈꾸며 자금줄을 목마르게 찾아 헤매는 젊은 IT 창업가들에게 금숟가락을 던져주는 엔젤 투자가가 될 수도 있었다. 하지만 그는 이 모든 기회를 거부하고 자신의 손에 떨어진 잭팟을 황당무계한 모험에 걸기로 결심했다. 언젠가 그는 언론과의 인터뷰에서 당시의 결심에 대해 이렇게 이야기한 적이 있다.

"(나는) 사람들이 소중히 여기는 가치가 무엇인지를 깊이 생각해 봅니다. 그러한 가치를 눈에 보이는 형태로 만들면 사람들은 기꺼이 돈을 지불합니다. 나는 돈이라는 것이 늘 사회(다른 사람들)가 필요로 하는 방향으로 흐른다고 생각합니다."

사람들이 필요로 하는 방향을 제대로 보려면 독수리의 눈이 필요하다. 멀리 높이 날아서 사회라는 틀이 어디로 어떻게 흘러갈지를 명확히 판단할 줄 알아야 한다. 그리고 그러한 상상을 한 발자국씩 실행에 옮긴다. 물론 누구나 이러한 눈을 가질 수는 없다. 가령, 정신세계에 깊이 몰두해 보지 않은 사람은 뇌과학 영역에 발을 들여놓아도 과학적인 편견에 빠져 영혼에 대한 진지한 고찰을 할 수 없다. 전체가 아닌 부분만 파고드는 탓이다.

하룻밤 새 돈방석에 앉은 머스크는 곰곰이 자신의 미래를 궁리했다. 그때 대학 시절 막연히 꿈꾸었던 미션 하나가 떠올랐다.

'지구가 아닌 다른 행성에서 생활하기.'

하나의 미션을 떠올리면 그 다음에는 그 미션에 필요한 적절한 질문들이 자연스럽게 연결되기 마련이다. 다음과 같은 머스크의 말처럼.

"무엇을 질문해야 할지가 가장 생각해내기 어렵다. 하지만 핵심을 찌르는 질문만 생각해낸다면 나머지는 의외로 간단하다."

그는 어릴 때 읽은 《은하수를 여행하는 히치하이커를 위한 안내서 The Hitch Hiker's Guide to the Galaxy》라는 공상과학 소설을 통해 그 사실을 깨달았다고 한다.

'지구가 아닌 다른 행성에서 생활하려면…?'

'먼저 우주 로켓을 만들어야 한다.'

'우주 로켓은 어떤 재료로 구성될까?'

'우주 로켓을 만들려면 돈은 얼마나 들까?'

'그런데 NASA미국 항공우주국 같은 거대한 정부조직은 왜 여태까지 화성에 우주 로켓을 보내지 못했을까?'

'민간인이 우주 로켓을 만들어 발사한 사례가 있을까?'

나름대로 조사해 본 결과, 머스크는 우주 로켓 제작에 들어가는 돈보다는 오히려 로켓을 개발하고 발사하는 데 들어가는 비용의 비중이 훨씬 크다는 사실을 알아냈다. NASA 역시 여기에 들어가는 막대한 비용 때문에 로켓 발사사업을 진작에 포기했다는 사실도 알게 되었다.

● 성공을 보장할 수 없는 무모한 도전

2002년, 엘런 머스크는 우주 로켓 개발업체인 스페이스X SpaceX를 창업했다. 그는 기자회견에서 창업 3년 후인 2005년 11월 25일에 우주 로켓을 발사하겠다고 큰소리를 쳤다. 스페이스X는 첫 번째 무인 우주 로켓인 '팰컨 1 Falcon One'을 준비하고 있었다. '팰컨'이라는 로켓의 이름은 영화 〈스타워즈〉 시리즈에 나오는, 원반형 몸체에 스패너 같은 2개의 거대한 팔이 집게처럼 뻗어있는 소형 우주선 '밀레니엄 팰컨'에서 따왔다고 한다.

IT사업과 로켓 개발사업은 출발점부터 다르다. IT사업, 가령 소프트웨어 개발사업이라면 누구든 무일푼으로도 얼마든지 시작할 수 있다. 또한 IT업계에는 누구든 부자가 될 수 있는 통로가 열려 있다. 반면에 로켓 개발사업은 처음부터 막대한 돈을 퍼부어야 하는 어렵고 험난한 분야이다. 게다가 일반적인 IT분야와는 적용되는 테크놀로지 자체가 완전히 다르다. 머스크가 창업 3년 후에 우주 로켓을 발사하겠다고 호언장담한 것은 누가 보더라도 무모한 계획이었다. 게다가 로켓은 일단 하늘로 쏘아 올려보지 않으면 성공 혹은 실패 여부를 장담할 수 없다. 이 말은 곧 발사 후 불과 몇 분 이내에 성공이냐 실패이냐를 직접적이고 명확하게 알 수 있다는 뜻도 된다.

머스크가 약속한 2005년 11월 25일. 스페이스X가 제작한, 총길이 21m, 중량 39t의 첫 번째 무인 우주 로켓 '팰컨 1'이 남태평양 섬에 자리 잡은 로널드 레이건 탄도 미사일 방어 시험장 발사대 위에서 긴장된 순간을 기다리고 있었다.

하지만 그날 팰컨 1은 발사되지 못했다. 발사 직전 문제가 발견되었다. 머스크는 발사일정을 하루 뒤로 연기했다.

다음날인 11월 26일. 이날에는 악천후로 카운트다운이 지연되더니 급기야 액체산소 연료탱크와 메인 엔진 컴퓨터에 문제가 생겼다. 결국 이날에도 팰컨 1은 하늘로 날아보지 못하고 발사대에서 내려와야 했다.

대부분의 사람들은 호언장담 후 일이 의도한 대로 진행되지 않으면 의기소침해진다. 팰컨 1의 발사 실패를 바라본 사람들은 어쩌면 머스크가 "기대를 어긋나게 해서 죄송합니다. 실패했습니다" 정도의 변명을 하리라고 예상했을지 모른다. 하지만 그는 그렇게 변명하는 대신 "다음 일정은 12월 중순입니다"라고 말했다. 듣기에 따라서는 다소 뻔뻔스러운 말투였다.

　신생기업은 세상의 주목을 끌기 어렵다. 머스크가 팰컨 1의 발사일정을 12월 중순으로 연기하고도 사람들에게 미안함을 내비치지 않은 이유 역시, 그렇게라도 하지 않으면 사람들이 주목해주지 않기 때문이었다. 한편으로 그는 1차 시도에서 어이없이 실패했음에도 불구하고 내심 로켓 발사에 성공할 수 있다는 자신감이 있었던 것 같다.

　그리고 머스크가 약속한 12월 19일. 팰컨 1은 이번에도 발사가 중지되었다. 스페이스X 측은 발사 실패원인을 연료탱크의 결함 때문이라고 밝혔다. '엘런 머스크가 이번에는 어떻게 나올까…?' 사람들은 그의 입에 주목했다. 그런데 머스크는 뜻밖에도 꼬리를 내렸다.

　"다음 발사는 빨라도 1월 하순…."

　사람들은 꿈만 커다랗게 부풀린 아마추어의 풍선이 터졌다고 생각했다.

● 작은 한 걸음, 하지만 인류 전체로서는 커다란 도약

　2006년, NASA에서 COTS Commecial Orbital Transportation Services(상업용 궤도 운송 서비스) 프로젝트를 발표했다. 이 프로젝트의 주요 내용은 더 이상 NASA에서 우주에 로켓을 쏘아 올리지 않는 대신, NASA에서 기술력과 자금을 제공하는 조건으로 민간기업에 그 임무를 맡기겠다는 것이었다.

　그해, 스페이스X가 NASA의 COTS 프로젝트의 계약자로 선정되는

● 스페이스X의 첫 번째 우주 로켓, 팰컨 1(Falcon One)

"창업 3년 안에 팰컨 1을 우주로 쏘아 올리겠다!"
하지만, 연이은 발사 실패…
사람들은 꿈만 커다랗게 부풀린
아마추어의 풍선이 터졌다고 생각했다.

행운을 거머쥐었다. 국제우주정거장ISS, International Space Station에 필요한 물자를 공급하는 조건으로 NASA로부터 2억 7,800만 달러를 지원 받는 대형 계약이었다. 참고로 당시 스페이스X 외에 또 한 곳의 민간 우주 로켓기업인 로켓 플랜 키슬러Rocket Plane Kistler도 NASA와 계약하고 이 프로젝트에 참여했는데, 이 기업은 그 후 자금조달에 어려움을 겪다가 2010년에 도산했다.

스페이스X는 NASA와 COTS 프로젝트 계약을 맺은 그해 또 다시 팰컨 1을 하늘로 쏘아 올리는 시도에 들어갔다. 2006년 3월 24일, 스페이스X가 쏘아 올린 팰컨 1이 드디어 하늘로 떠올랐다. 비록 머스크가 어렵게 예상했던 1월보다 몇 개월 늦어지기는 했지만, 어쨌든 팰컨 1은 카운트다운을 완료하고 공중으로 치솟았다. 하지만 불과 수십 초 후, 거액을 들여 만든 로켓 하나가 바다 속으로 가라앉았고, 사라졌다.

로켓은 하늘을 나는 컴퓨터라고 해도 과언이 아니다. 로켓의 모든 상황은 빠짐없이 데이터로 남는다. 스페이스X는 팰컨 1 잔해에 남은 데이터를 분석한 후, 연료가 새면서 생긴 문제 때문에 추락했다는 분석결과를 공개했다. 하지만 왜 연료가 샜는지까지는 규명해내지 못했다. 프로그램이 아니라 기술적인 면에 문제가 있었다는 뜻이었다.

이 일로 인해 NASA 내부에서는 COTS 프로젝트 대상자로 스페이스X를 선택한 것이 실수가 아니었냐는 비판이 일었다.

하지만 팰컨 1의 연이은 발사 실패와 외부의 부정적인 시선에도 불구하고, 스페이스X 내부에서는 닐 암스트롱Neil Armstrong이 달에 도착해서 인류에게 보낸 메시지처럼 '인류 전체로서는 커다란 도약a giant leap for mankind'을 실현하기 위한 움직임이 서서히 꿈틀거리고 있었다.

02

파헤치고 파헤치면
본질이 나온다

Elon Musk

● 우주 로켓, 전기 자동차, 태양광 에너지의 공통분모

엘런 머스크는 스페이스X 창업 2년 후인 2004년에 전기 자동차를 개발·생산하는 기업인 테슬라TESLA를 설립했다. 또한 그 2년 후인 2006년에는 태양광을 이용한 주택 발전시설을 공급하는 기업인 솔라시티SolarCity를 공동 창업했다. 시기적으로 스페이스X가 팰컨 1 발사에 성공하지 못하고 지지부진하고 있을 때, 2개의 기업을 연이어 창업한 것이다.

언뜻 상식적으로 이해되지 않는 머스크의 행보는 그의 큰 야망과 밀접한 관계가 있었다. 다시 말해 스페이스X, 테슬라, 솔라시티로 이어지는 일련의 창업 행보가 머스크가 애초에 '계획한 대로' 진행되었다는 의미다. 지금부터 설명하는 각 기업의 사업내용을 살펴보면 그 의미를 이해할 수 있다.

먼저 테슬라(전기 자동차)와 솔라시티(태양광 에너지)의 관계를 유추하기

는 어렵지 않다. 두 기업은 '석유 같은 화석연료 대신 반영구적으로 사용할 수 있는 대체 에너지'라는 공통분모가 있기 때문이다. 하지만 이 두 기업과 스페이스X(로켓 개발사업)를 관련짓기는 쉽지 않다. 마땅한 공통분모가 떠오르지 않기 때문이다. 하지만 머스크의 '계획'을 알고 나면 단박에 이해가 된다.

머스크의 최종적인 목표는 '인류의 화성 이주'이다. 그가 이러한 목표를 세운 이유는 인구가 폭발적으로 증가하면 물과 식량부족에 시달릴 것이고, 그렇다면 불가피하게 인류가 지구 외의 다른 행성으로 이주해야 한다고 생각했기 때문이다.

하지만 머스크의 계획대로 인류를 화성에 이주시킬 준비를 하려면 시간이 많이 걸린다. 게다가 현재 지구는 각종 공장과 차량 등에서 뿜어져 나오는 이산화탄소 같은 유해가스 때문에 심각한 지구온난화 문제를 겪고 있다. 그렇다면 화성에 갈 시간을 벌기 위해서라도 지구온난화를 최소한으로 억제시켜야 한다. 머스크는 이러한 생각으로 석유 대신 전기로 가는 자동차를 만들고, 천연 에너지인 태양광을 사용하자는 발상을 하고 테슬라와 솔라시티를 창업했다. 우리가 기껏 지구본을 빙글빙글 돌리며 글로벌 운운하고 있을 때, 머스크는 스케치북에 우주를 그려놓고 인류의 미래를 생각하는 사람이었다.

앞서 언급했듯이 머스크는 하나의 기업에서 성공을 거두고, 거기서 벌어들인 돈으로 다른 기업을 창업하는 방식을 따르지 않았다. 스페이스X가 팰컨 1의 발사 실패로 비웃음을 사고 있을 때 테슬라를 창업했고, 테슬라가 처음에 약속한 전기 자동차를 제때 출시하지 못하고 있을 때 솔라시티를 창업했다. 이를테면 첫째 딸을 출가시킨 지 얼마 되지

● 화성을 중심으로 배열한 스페이스X, 테슬라, 솔라시티의 로고

'지구온난화를 최소한으로 억제시켜
인류가 화성에 갈 시간을 벌어야 한다.'
스페이스X, 테슬라, 솔라시티는 '인류의 미래'라는
공통분모를 공유하고 있었다.

않아 살림살이가 어려운 데에도 불구하고 둘째 딸을 출가시키고, 곧이어 막내딸까지 출가시킨 형국이다. 머스크 입장에서는 어느 하나 신경 쓰이지 않는 딸이 없었을 것이다. 또한 딸들 입장에서도 각기 다른 환경에서 적응하기가 순탄치만은 않았을 것이다.

하지만 엘런 머스크는 결코 평범한 사람이 아니었다. 자신이 창업한 기업 중 어느 하나라도 위험한 지경에 빠지면 결사적으로 몸을 날려 구원에 나섰다. 어려운 가운데에서도 3개의 기업을 동시에 보살피는 엄청난 능력을 보여주었다. 머스크는 불요불굴不撓不屈, 즉 한번 마음을 먹으면 흔들리거나 굽히지 않는다는 말에 딱 들어맞는 사람이었다.

● 테슬라 그리고 위대한 과학자 니콜라 테슬라

머스크는 테슬라를 창업하면서 두 사람의 힘을 빌렸다.

한 사람은 마틴 에버하드Martin Eberhard. 그는 대학 졸업 후 엔지니어로 일하면서 2개의 기업을 창업했는데, 그 중 하나가 '테슬라 모터즈'였다. 그는 운영자금을 조달하려고 부단히 애썼지만 번번이 실패한 끝에 머스크를 찾아와 투자를 요청했다. 머스크보다 11살 연상인 에버하드는 전기 자동차에 대해 누구보다도 큰 열정을 갖고 있었다.

또 한 사람은 J. B. 스트라우벨J. B. Straubel. 그는 스탠퍼드대학에서 에너지공학 석사 학위를 딴 후 하이브리드 자동차의 파워 트레인Power train(자동차의 핵심 동력장치) 개발에 종사했다. 그 후 스트라우벨은 우주 항공에 관련된 기업을 공동 창업했는데, 그 기업에 대한 투자 요청을 위해 머스크를 찾았다가 인연을 맺게 되었다. 머스크는 이 두 사람과의 만남을 계기로 전기 자동차에 대한 구체적인 실현 계획을 떠올린 것으로 보인다.

2004년, 머스크는 그의 나이 33세 되던 해에 테슬라를 창업했다. 에버하드가 테슬라의 CEO를 맡고, 스트라우벨에게는 CTO(최고기술책임자)의 직위가 주어졌다. 머스크가 테슬라를 창업하면서 에버하드가 창업한 테슬라 모터즈의 이름을 그대로 가져온 배경에는 '니콜라 테슬라Nikola Tesla'라는 발명가에 대한 존경의 뜻이 담겨 있었다.

1856년에 출생한 니콜라 테슬라는 자신의 생애를 통해 영광과 몰락을 모두 경험한 발명가였다. 테슬라는 한때 에디슨 밑에서 조수생활을 한 적이 있지만, 두 사람의 인연이 오래 가지는 못했다. 전력 배급방식에 있어서 직류DC를 고집한 에디슨과 교류AC를 포기하지 않은 테슬라 사이에서 벌어진 격렬한 논쟁 때문이었다.

직류와 교류의 차이는 이렇다. 직류는 일정한 전압을 유지하는 장점이 있는 데 비해, 교류는 전압을 올리고 내리기 쉬운 유연성이 있다. 또한 직류는 시간에 따른 변화가 없는 데 비해, 교류는 시간에 따라 변화한다. 이를테면 교류를 사용하는 가정용 형광등은 계속 켜있는 것 같지만 사실은 켜졌다 꺼졌다를 계속 반복한다. 다만 그 속도가 워낙 빨라서 우리가 인지하지 못할 뿐이다. 반면에 계속해서 일정한 전압을 유지해야 하는 장치에는 직류를 사용해야 하는데, 그 대표적인 것이 배터리다.

현재 전 세계의 전력을 배급하는 시스템은 모두 테슬라가 주장한 교류를 사용하고 있다. 기록을 살펴보면 에디슨은 교류라는 것을 대단히 싫어했던 모양이다. 사형수에게 교류 전기를 흘려 죽이면 될 것이라는 파격적인 발언도 서슴지 않았다.

에디슨은 발명왕이라는 칭호에 걸맞게 1,093건의 특허를 보유하고, 그에 따른 엄청난 부를 누렸다. 이에 비해 테슬라도 한때는 발명으로 많은 돈을 벌기는 했지만, 그 돈을 새로운 발명에 쏟아 붓느라 무일푼으로 생을 마감했다. 에디슨이 실용적인 발명가였다면 테슬라는 기상천외한 발명가였다.

머스크가 테슬라를 존경한 이유는 그가 세계 최초로 교류 모터를 발명했기 때문이다. 교류 모터는 전기 자동차를 만드는 데 핵심적인 역할을 한다. 결국 과학자 테슬라의 존재는 전기 자동차의 존재와 직접적이고 가까운 관계가 되는 셈이다.

● 물리법칙에 따른다면 불가능은 없다

전기 자동차에 대한 아이디어는 오래전부터 있었다. 가령, 1840년에 스코틀랜드의 사업가 로버트 앤더슨Robert Anderson은 자동차는 아니지만 전기로 작동하는 마차를 발명했다. 최근에는 세계의 여러 자동차업체에서 하이브리드 자동차를 출시하고 있다. 하지만 하이브리드 자동차는 가솔린 엔진과 전기 모터를 함께 쓰기 때문에 순수한 전기 자동차는 아니다. 출발할 때와 시내 주행 등 저속에서는 전기 모터를 사용하고, 가속할 때에는 가솔린 엔진을 사용한다. 고속도로에서 최고 속도를 낼 때에는 가솔린 엔진과 전기 모터를 함께 사용한다. 하이브리드 자동차가 이러한 방식을 채용한 것만 보아도 일반적인 수준의 자동차를 전기만으로 작동하게 만들기가 대단히 어렵다는 사실을 알 수 있다. 다시 말해, 전기 자동차는 자동차가 문제가 아니라 '전기'를 어떻게 결합시키느냐가 관건이 된다. 전기만으로 가솔린 자동차 만큼의 성능을 완벽히 발휘하며 달릴 수 있게 해야 하는 것이다. 지금까지 전기 자동차가 완전한 상용화를 이루지 못한 이유가 바로 이것을 실현해내지 못했기 때문이다. 머스크의 말처럼 '아이디어를 실행하기는 그것을 생각해내는 것보다 훨씬 어렵기' 마련이다.

머스크는 새로운 일을 시작할 때 늘 물리학의 법칙을 철저히 응용한다. 그가 말하는 물리학의 법칙이란 모방이나 흉내가 아닌 사물의 본질까지 파고드는 발상법을 의미한다. 이것은 동양에서 말하는 사물의 이치理致, 즉 끝까지致 파헤친다理는 의미와 합치한다. 영어로 표현하면 'fundamental truth' 정도가 된다. 가령, 시중에 나온 제품보다 훨씬 뛰어난 정수기를 만들고 싶다면 '물'이라는 사물의 본질을 끝까지 파고들어야 한다.

머스크는 펜실베니아대학 재학 시절에 에너지 저장 메커니즘에 큰 흥미를 느꼈다. 나중에 그러한 관심이 전기의 힘을 제대로 이용하면 훨씬 뛰어난 자동차를 만들 수 있다는 확신으로 이어졌다. 그는 물리학적 법칙을 구사해 전기의 본질을 파고든 결과, 즉 전기의 이치를 깨닫고 나서는 전기가 지속적이고 안정적인 에너지라는 결론에 도달했다. 이에 대해 머스크는 이렇게 말한 적이 있다.

"물리학적 접근은 기본적인 원리에서 발상하는 방식이다. 가령, 그것은 어떤 것인지, 왜 그런지, 우리가 믿고 있는 것이 과연 사실인지를 근본부터 파고들어야 한다. 그러니 당연히 자신의 머리를 굉장히 많이 써야 한다. 그런데도 기본적인 원리를 파헤칠 생각도 하지 않고 남들의 성공한 방식을 흉내 내는 사람이 훨씬 많다. 그러면 머리를 쓰지 않아 편할지 모르겠지만, 그렇게 해서는 안 된다."

누구나 배터리가격은 쉽게 내려가지 않는다고 말한다. 하지만 그 말을 덥석 받아들여서는 안 된다. 배터리를 구성하는 요소를 하나씩 파고들어서 어떡하면 그 비용을 낮출 수 있는지 자신의 머리를 써서 끝까지 추구해야 한다. 물리학의 기본적인 원리를 토대로 발상한다는 것은 바로 그런 의미다. 이러한 발상 끝에 마침내 그의 가슴이 이렇게 소리쳤다.

'나도 충분히 전기 자동차를 만들 수 있다!'

머스크가 테슬라를 창업했을 때에도 세상 사람들은 스페이스X를 창업했을 때와 마찬가지로 비웃음을 던질 준비가 되어 있었다. 그는 자동차와 전혀 무관한 인물이었다. 게다가 가솔린 자동차도 아니고 이제껏 누구도 제대로 상용화하지 못한 전기 자동차를 만들겠다니, 어쩌면 당연한 반응이었다.

머스크는 창업 2년 내에 전기 자동차 1호를 생산하겠다고 공언했다. 스페이스X를 설립했을 때 창업 3년 이내에 우주로 로켓을 쏘아 올리겠다고 큰 소리를 쳤던 점과 흡사하다.

사람들은 대개 2가지 유형으로 분류된다.

하나는 등산 유형이다. 이 유형의 사람은 목표지점을 설정해놓고 꾸준히 그곳을 향해 나아간다는 강점이 있다. 시대의 흐름이나 유행에 개의치 않고, 오직 자신의 신념과 의지를 믿고 정상 정복을 꿈꾼다. 반면에 이 유형의 사람은 유연성이 떨어진다는 약점이 있다.

또 하나는 강물 유형이다. 이 유형의 사람은 시대에 유연하게 대처한다는 강점이 있다. 또한 변화에도 잘 적응하고 순간 대처능력도 뛰어나다. 반면에 등산 유형에 비해 지속적이고 끈질긴 에너지가 떨어진다는 단점이 있다.

그런데 머스크는 두 유형 어디에도 속하지 않는 부류이다. 굳이 말하자면 '헬리스키Heliski 유형'으로 볼 수 있다. 헬리스키는 산 정상까지 헬리콥터를 타고 올라가 거기서부터 산 아래로 스키를 타고 내려오는 익스트림 스포츠를 말한다. 다시 말해 머스크는 일단 정상을 정복한 후에 실용적인 단계로 들어가는 유형이다. 그에게 정상이란 '물리학적 관점에서 얼마든지 도달 가능한 곳'을 일컫는다.

머리로 정상을 점령하고 행동으로 옮긴다. 이론적으로는 말도 안 되고 상식 밖의 일이지만, 그는 실제로 스페이스X, 테슬라, 솔라시티를 모두 이런 방식으로 출범시켜서 성공적으로 이끌고 있다.

03

지옥의 입구에서도
미래를 위한 끈을 놓지 않다

Elon Musk

● 처음부터 파격적인 전기 자동차가 아니면 안 된다

엘런 머스크는 테슬라의 향후 전기 자동차 생산계획을 이렇게 발표했다.

- 1단계 : 고가의 레이싱 자동차, 차량 예상가격은 10만 달러, 소량 생산
- 2단계 : 중가의 세단, 차량 예상가격은 5만 달러, 적정량 생산
- 3단계 : 저가의 대중차, 차량 예상가격은 3만 달러, 본격적인 대량 생산 돌입

물론 이것이 머스크만의 창의적인 계획이라고는 할 수 없다. 대개의 새로운 기술이나 상품은 대량생산에 앞서 이와 비슷한 과정을 거친다. 다만 그는 조금 색다른 입구를 마련했다. 처음부터 파격적인 전기 자동

차를 선보일 작정이었다.

머스크가 2년 이내에 만들겠다고 호언장담한 자동차의 이름은 '로드스터Roadster'였다. 로드스터의 개발비용은 2,500만 달러로 책정했지만, 나중에는 이보다 훨씬 많은 돈이 들어가게 된다.

2004년, 머스크는 테슬라를 출범하면서 투자자를 모집했다. 총 모금액은 750만 달러. 테슬라의 규모로 볼 때, 첫 번째 투자액치고는 꽤 괜찮은 금액이었다. 2005년에 시행한 2차 투자자 모집에서는 1,300만 달러가 모였다. 이를 두고 머스크의 개인적인 영향력이라고 평가하는 사람도 있지만, 당시는 스페이스X가 제작한 팰컨 1의 연이은 발사 실패로 그의 이미지가 한없이 추락하던 때였다. 따라서 첫 번째 전기 자동차인 로드스터가 나오기도 전에 투자 모금액이 늘었다는 사실은 예상 외로 전기 자동차에 대한 사람들의 관심이 높았음을 의미한다고 보아야 할 것이다.

테슬라는 로드스터를 만들기 위해 영국의 자동차기업인 로터스Lotus와 공동 개발계약을 체결했다. 로터스는 1952년에 탄생한 기업으로, 특히 레이싱 자동차분야에서 독보적인 위치를 차지하고 있었다. 레이싱 자동차는 무조건 빨라야 한다. 빨리 달리려면 차체가 가벼워야 한다. 경량화를 위해서는 아무래도 가장 뛰어난 소재를 사용해야 한다. 그러한 소재는 가격이 비싸지만, 대신 기존의 자동차보다 부품 수가 적어진다는 장점을 얻을 수 있다. 즉, 소재가 부품을 제압해서 더 가볍게 만들 수 있다. 로터스는 자사가 만드는 레이싱 자동차에 최첨단 소재를 과감히 적용함으로써 경량화를 성공적으로 이루어냈다.

테슬라 입장에서도 전기 자동차의 차체 무게를 줄이려면 경량화가 필수적이었다. 전기 자동차는 가솔린 자동차처럼 엔진 등의 부품이 들어가지 않는 대신, 배터리가 차지하는 무게가 상당하기 때문이다. 하지만 이제 막 시작하는 자동차기업에 노하우 같은 것이 있을 리 만무했다. 이것이 테슬라가 황무지에서 최소한의 길 안내를 받을 동료로서 로터스를 선택한 이유이다. 테슬라는 로터스가 만들어준 차체에 전기로 작동되는 드라이빙 시스템을 얹어서 로드스터를 만들 계획이었다.

2006년, 테슬라에서 시행한 3차 투자자 모집에서 무려 4,000만 달러가 모였다. 구글의 창업자인 래리 페이지Larry Page, 이베이의 사장을 역임한 제프리 스콜Jeffrey Skoll 등이 기꺼이 테슬라에 투자했다.

이 해에는 로드스터가 첫 출시될 것이라는 기대가 사람들의 마음을 한껏 부풀렸다. 그때까지 테슬라가 투자 받은 금액은 총 6,000만 달러였다. 아직 한 대의 전기 자동차도 나오지 않았는 데에도 이처럼 투자자가 몰린 까닭은, 머스크의 말대로 '돈은 사람들이 필요로 하는 방향으로 흐르기' 때문이다.

하지만 그해 자동차시장에 로드스터는 끝내 모습을 드러내지 않았다. 아니 드러내지 못했다는 표현이 맞을 것이다. 처음 시도하는 탓에 그때까지도 테슬라의 엔지니어들은 로드스터 개발에 난항을 겪고 있었다. 처음에는 특정 기업의 트랜스미션(동력 전달장치)을 채용했다가 실험 결과 내구성 결함이 밝혀져서 급하게 다른 기업의 제품으로 변경하는 등의 시행착오가 거듭되었다. 또한 소량생산을 목표로 자동차부품도 대량생산업체가 아닌 소량으로 특수품을 제조하는 업체로 선정하는 바람에 나중에는 오히려 채산성을 악화시키는 결과를 초래하기도 했다. 급기야 어렵게 투자 받은 금액마저 바닥 날 지경에 처했다.

● 막연한 상상을 눈에 보이는 형태로 만드는 경이로움

자동차도 다른 상품과 마찬가지로 만들어서 시장에 팔지 못하면 당연히 자금이 바닥난다. 이렇게 되면 거래처에도 돈을 줄 수 없다. 그 다음은 당연한 수순처럼 사내에 동요가 일어난다. 이렇게 내부 분열과 갈등이 표면화되면 결국 조직 전체가 위협을 받기 마련이다.

2007년, 머스크는 사태수습 차원에서 테슬라의 CEO인 마틴 에버하드를 전격적으로 해임한다. 테슬라의 공동 창업자인 에버하드는 오랜 기간 머스크와 갈등을 빚어왔다. 머스크는 호화로운 안락의자에 앉아 재무제표를 뒤적거리며 연봉에나 신경 쓰는 경영자가 아니다. 모르는 분야라도 독학으로 공부해서 철저히 배워가는 유형이다 보니 로드스터 개발에 관한 기술적인 문제로 에버하드와 다투는 일이 잦았다. 에버하드의 입장에서는 아마추어인 머스크가 설계에 관여하는 것이 굉장히 못마땅했을 것이다. 그나마 두 사람의 갈등관계가 테슬라 내부에서 끝났으면 좋았겠지만, 나중에 에버하드가 자신을 해임한 머스크를 명예훼손으로 고소하는 상황까지 벌어졌다.

경영은 화합만으로는 부족하다. 이것만으로는 커다란 목표를 함께 등에 짊어지고 끝까지 가지 못한다. 화합으로 친밀감이나 동료 간의 연대의식은 높일 수 있지만, 여기에는 결정적인 요소가 빠져 있다.

조직에 비슷한 성질의 사람만 모여 있으면 화합이 잘 이루어진다. 반면에 이질적인 사람들이 모이면 처음에는 화합이 이루어지지 않는다. 하지만 문제해결을 위한 부딪침이라면 이야기가 달라진다. 어떤 문제가 발생했을 때 비슷한 성질의 사람들은 비슷한 해결책을 내놓는다. 그러다 보니 다른 관점에서의 해결책이 나오지 않는다.

반면에 이질적인 사람들이 모인 조직에서는 문제해결을 위해 서로 부딪치는 과정에서 다른 관점에서의 해결책이 보이기 시작한다. 물론 그 과정에서 탈락하는 사람도 있고 스스로 물러나는 사람도 있다. 그러면서 서서히 꾸준히 화합이 이루어진다. 그런 식으로 화합하는 과정에서 쌓이는 결정체가 있다. 바로 '노하우'이다.

테슬라는 소프트웨어 가이와 전형적인 엔지니어라는 다분히 이질적인 사람들이 모여 출항한 기업이다. 초기에는 얼마든지 부딪칠 수 있는 분위기였다. 다시 말해 테슬라에 노하우가 집적된 시기가 아니었다.

머스크와 에버하드는 한동안 블로그나 언론을 통해 상대를 비방하면서 볼썽사납게 대립했지만, 결국 공개적인 상호비방을 중단하기로 합의했다.

머스크는 간혹 인터뷰에서 자신이 내성적인 성격이라는 점을 밝히곤 했다. 그래서인지 공적인 프레젠테이션도 짧고 단순하다. 하지만 내성적인 성격이라고 호락호락 뒤로 물러서거나, 상대의 의견에 언제까지 귀를 늘어뜨리고 들어준다는 뜻은 아니다.

머스크와 일해 본 사람은 두 가지 상반된 반응을 보인다.

일하는 방식이 맞는 사람은 머스크를 좋아한다. 테슬라의 한 직원은 '비로소 세상을 바꿀 기업에서 일하게 되었다'며 머스크를 최상위 칭찬 위에 올려놓기도 했다.

반면에 머스크가 '독재적'이라고 말하는 사람도 있다.

2014년 8월, 블룸버그 통신에 따르면 스페이스X에서 근무했던 직원들이 스페이스X가 캘리포니아 주 노동법을 위반했다며 소송을 제기했다고 한다. 그들은 캘리포니아 주 고등법원에 제출한 소장에서 스페이스X가 해고 통보규정을 지키지 않았다며 체불임금 지급과 피해보상을 요구했다. 또한 자신들이 스페이스X에서 사전 예고 없이 해고되었으며, 실제 일한 시간보다 적은 보수를 받았다고 주장했다. 이 사건 역시 머스크가 테슬라에서 에버하드를 해임하는 과정에서 벌어졌던 상황처럼, 조직의 갈등이 내부에서 해결되지 못하고 외부로 표출된 사례에 해당한다. 아마도 이러한 모습들이 사람들로 하여금 그를 '독재적'으로 보게 만드는 원인을 제공하는 듯하다.

이렇듯 머스크의 인격에 대한 상반된 반응을 보면, 머스크 스스로는 자신을 내성적이라고 표현했지만, 그의 내면에 상당히 직설적인 성격도 있다고 추측해 볼 수 있다. '직설적인 성격'은 솔직한 내면을 담고 있는 동시에 상대에게 상처를 줄 수 있는 이중적인 무기로 작용할 수 있다. 머스크에 대한 대중적인 평가가 크게 엇갈리는 이유도 그가 가진 두 가지 상반된 성향과 무관하지 않을 것이다.

아무튼 머스크는 테슬라의 내부 분열, 로드스터의 개발 난항, 자금 부족 등으로 큰 어려움을 겪는 와중에도, 2007년에 시행한 4차 투자자 모집에서 4,500만 달러라는 거금을 끌어 모았다. 이쯤 되면 그저 대단하다는 평가를 내릴 수밖에 없을 듯하다.

온갖 악재에도 불구하고 투자자를 매료시킬 수 있는 머스크의 힘은 어디서 나올까? 물론 장차 투자자 자신의 지갑에 들어올 수익에 대한 기대감도 작용했을 것이다. 하지만 장밋빛 미래를 약속하는 아이템은 길가에 버려질 만큼 세상에 넘친다. 아마도 투자자들을 매료시키는 머스크의 가장 큰 힘은 '경이로움'에 있지 않을까?

사람들의 입을 다물지 못하게 만드는 사업은 의외로 비현실적인 측면이 많다. 대표적인 사례가 디즈니랜드이다. 디즈니랜드는 일상과 동떨어진 '비일상적인 공간'을 제공함으로써 전 세계 사람들을 매료시킨다. 디즈니랜드에 가면 디즈니 영화사에서 제작한 애니메이션의 등장인물들을 직접 눈으로 볼 수 있다. 애니메이션과 똑같은 무대장치, 의상, 말투, 얼굴의 백설공주가 어린이들을 향해 영화 같은 미소를 짓는다.

머스크가 제시하는 우주, 지구, 환경, 에너지는 사실 일상적인 공간에서 느낄 수 있는 현실적이고 구체적인 사안은 아니다. 하지만 머스크가 그랬던 것처럼, 누군가 막연히 상상하던 것을 눈에 보이는 형태로 만들어 제시하면 사람들은 누구나 할 것 없이 경이로움을 느낀다. 머스크가 경영악화에도 불구하고 투자자를 모을 수 있었던 까닭은, 이처럼 '경이로움을 안겨주는 사업'을 사람들에게 '보여주고 있기' 때문이다.

에버하드가 해고된 후 테슬라 내부는 정신없이 돌아갔다. 새로 부임한 CEO 제에브 드로리Ze'ev Drori는 일시적으로 내부 상황을 정리한 후 가차 없이 구조조정이라는 칼을 휘둘렀다. 흥행이 안 되는 기업이 제일 쉽고 빠르게 돈을 줄이는 방법이 바로 구조조정이다. 기업은 사람이 모여서 일하는 곳이지만, 기업 자체가 무서운 흉기로 변하면 그곳에서 일하는 사람들은 어쩔 수 없이 벼랑 끝에 몰린다. 테슬라 전 직원의 무려 10%가 사표를 강요받았다. 이 사실이 언론에 알려지면서 사람들은 테슬라가 곧 망한다고 쑥덕거렸다.

머스크는 위기에 처하면 즉시 반격하는 유형이다. 이번에도 세상을 향해 단호히 외쳤다.

"만일 모든 투자자가 테슬라에 등을 돌려도, 나만큼은 테슬라를 버리지 않겠다!"

2003년에 1억 달러 이상을 스페이스X에 투자했던 머스크는, 2004년과 2008년에는 테슬라에 집중적으로 투자했다. 그럼에도 테슬라가 매년 적자를 기록하면서 그는 생활비를 지인에게 꿀 만큼 밑바닥으로 추락했다. 나중에 머스크는 당시에 비참했던 심정을 이렇게 토로했다.

"매일 땅에 떨어진 음식을 주워 먹으며 지옥의 입구를 들여다보는 듯한 참담한 심정이었다."

2007년 가을에 출시하기로 예정되어 있던 로드스터를 사람들은 볼 수 없었다. 할리우드Hollywood 스타를 비롯해 이미 1,200대가 사전 예약된 상황이었다. 로드스터는 2008년 2월로 출시가 늦춰졌지만, 막상 2월에 출시된 로드스터는 겨우 한 대에 불과했다. 테슬라로서는 일단 비난의 집중포화를 피해보자는 심정이었을 것이다.

2008년에는 미국에서 서브 프라임 모기지 사태가 발생해, 리먼 브라더스 쇼크를 시발점으로 전 세계에 경제위기가 불어 닥쳤다.

21세기에 접어들면서 미국 정부는 9.11 테러 등으로 악화된 국내 경기를 살리기 위해 초저금리 정책을 펼쳤다. 그중 하나가 주택대출금리 인하정책이었다. 금리가 내려가면서 부동산가격이 상승했다. 그러자 신용도가 현저히 낮은 개인에게도 주택대출을 해주는 은행과 기업이 생겼고, 그렇게 대출 받은 돈으로 부동산을 구입하는 사람들이 급격히 증가했다. 대출금을 제대로 못 갚아도 부동산가격이 상승하고 있기 때문에 얼마든지 손실 없이 재산의 보전이 가능했다. 세상이 모두 향기롭던 시절이었다.

하지만 2004년에 미국 정부가 초저금리 정책을 종결시키자 부동산

거품이 빠지고 금리가 올랐다. 저소득층 대출자는 대출금을 갚지 못했고, 금융기관은 대출금을 회수하지 못했다. 대형 금융사, 은행, 증권회사가 줄줄이 도산했다. 그중에는 미국의 명문 투자은행 리먼 브라더스도 포함되어 있었다. 리먼 브라더스가 도산하면서 전 세계로 악영향이 불길처럼 번졌다. 그 후 세계 각지는 매섭게 불어 닥친 경제위기로 허리춤을 졸라매야 하는 힘든 시기를 맞게 되었다.

2008년, 미국의 대표적인 자동차기업인 크라이슬러와 GM도 도산 직전 위기에 빠졌다. 테슬라 역시 같은 해에 부도 일보 직전의 상황까지 내몰렸다. 입방아 찧기 좋아하는 사람들은 '드디어 테슬라의 임종Tesla death watch이 왔다'며 조롱 섞인 말을 내뱉었다. 이처럼 당시에는 어떤 기업이든 쉽게 투자 받을 상황이 아니었다. 그럼에도 불구하고 그해 시행한 테슬라의 5차 투자자 모집에서 4,000만 달러가 모였다. 그 돈으로 테슬라는 당장의 갈증을 해소할 수 있었다.

그런데 정작 머스크가 환호할 일은 엉뚱한 데에서 생겼다. 델DELL에서 머스크가 대주주로 있는 에버드림Everdream을 1억 2,000만 달러에 인수한 것이다. 에버드림은 머스크의 사촌인 린든 라이브Lyndon Rive가 1998년 미국에 건너와서 머스크의 도움을 받아 창업한 소프트웨어 개발기업이었다. 나중에 언급하겠지만, 그 후 라이브는 다시 한 번 머스크와 손을 잡고 굉장한 사업에 뛰어든다. 2006년에 두 사람이 공동 창업한 솔라시티가 그것이다. 그리고 그 몇 년 후 라이브는 세계적인 경제지 〈포브스Forbes〉가 선정하는 '40세 이하의 가장 뛰어난 CEO 20명' 중 12위를 차지하는 위치까지 뛰어오르게 된다.

어쨌든 그 불황기에 전기 자동차를 만들어보겠다는 아마추어 집단인 테슬라가 4,000만 달러라는 거금을 투자받았다는 사실은, 힘들고 캄캄한 현실 속에서도 미래를 준비하고 열어보겠다는 사람이 그만큼 많았음을 시사한다. 사람은 불안하면 일단 주저앉았다가도, 든든한 지팡이를 찾아 짚고 다시 일어서는 저력이 있다. 테슬라가 추구하는 전기 자동차는 미래의 개척자들의 손에 힘껏 쥐어진 지팡이였다.

2009년을 시작하면서 테슬라는 금고에 다시 돈을 채우고 남은 길을 마저 걸어갈 수 있었다.

2장

실리콘밸리에서 이룬 아메리칸 드림

01

남아공의 천재소년, 아메리칸 드림을 실현하다

Elon Musk

● 고향을 떠나 IT 제국으로

1652년, 네덜란드 동인도회사에 소속된 리이베에크라는 한 남자가 동양의 무역보급기지를 건설하려고 케이프타운에 상륙했다. 이때부터 남아프리카의 역사에는 슬픔이라는 단어가 처절히 핏자국을 남기며 새겨지기 시작한다. 리이베에크에 이어 네덜란드인들이 속속 남아프리카로 이주했다. 프랑스인과 독일인도 남아프리카로 건너왔다. 대개 신교도였던 그들은 이기적이고 무례했으며 매우 기만적이고 고집 센 상인들이었다.

유럽의 백인들은 남아프리카 원주민들이 조상대대로 정겹게 살아온 토지부터 빼앗았다. 하지만 정작 잔인한 짓이 또 있었다. 백인들은 검은 피부를 가진 원주민들의 머리에 총구를 겨누고 이제까지와는 전혀 다른 삶을 강요했다. 남아프리카의 원주민들은 쇠사슬에 묶여 강제로 고향을 떠나 생소한 나라로 보내졌다. 백인들은 원주민들을 노예로 삼는

데 전혀 양심의 가책을 느끼지 못했다.

평화는 이웃이 전쟁을 선포하면 여지없이 깨진다. 어제는 이웃의 손을 잡았던 따뜻한 손이 오늘은 이웃을 죽이는 살상무기를 든 차갑고 싸늘한 손으로 바뀐다. 인류의 역사를 봐도 평화는 이루기는 어려워도 너무나 쉽고 간단하게 무너진다. 악에 물들기는 쉬워도 악에서 빠져나오기는 쉽지 않은 것처럼. 남아프리카 원주민들은 손에 무기를 들었고, 백인들과 무려 100년 동안 크고 작은 전쟁을 치렀다.

18세기 후반에는 국제사회의 맹주가 된 영국이 남아프리카로 쳐들어왔다. 백인들과의 오랜 전쟁으로 피폐해진 남아프리카 원주민들은 힘에 부친 나머지 1815년에 영국의 식민지로 전락하고 만다.

엘런 머스크는 남아프리카공화국이 영국으로부터 독립한 지 10년 후인 1971년, 수도 프리토리아에서 3형제 중 장남으로 태어났다. 그의 어머니는 캐나다인으로 영양사였는데, 한때 뉴욕에서 모델로 활동한 경력도 있었다고 한다. 지금으로 치면 커리어 우먼이었던 셈이다. 아버지는 자신의 건설업체를 경영하는 한편, 정부 수주도 맡아 진행했다고 한다.

머스크는 어린 시절에 또래 친구들과 어울리기 보다는 집에서 혼자 책을 읽는 시간이 많았다. 독서는 인간과 동물의 차이를 가장 극명하게 보여주는 특징 중 하나이다. 책을 통해 우리는 어떤 인물의 삶과 사상 등을 짧은 시간에 간접적으로 경험할 수 있다.

어릴 때부터 책벌레라는 말을 듣는 아이는 집중력이 강하고 독립적인 성격을 갖게 되는 경우가 많다. 반면에 어울림이 부족하고 자기중심적인 세계에 빠지기 쉽다. 머스크에 대한 사람들의 평가가 엇갈리는 이유도 여기에 있을지 모른다. 하지만 머스크를 제대로 알려면 커피 잔을 입체적으로 바라보는 자세가 필요하다. 가령, 여기 커피 잔이 놓여 있다. 그런데 커피 손잡이가 보이지 않는다고 말하는 사람은 앞에서만 바라보기 때문이다. 실리콘밸리에서 성공신화를 이룬 사람 중에는 어릴 때 공상과학SF, Science Fiction 소설을 탐독한 경우가 많다. 머스크 역시 어릴 때 읽은 공상과학 소설이 상상력을 키워준 원동력이 되었다고 말한 적이 있다.

머스크는 12세 때 책을 보고 독학으로 프로그래밍을 공부해서 만든 '블래스터Blaster'라는 게임을 500달러에 팔았다고 한다. 블래스터는 공상과학 소설에 나오는 우주총을 말하는데, 그 외에는 그 게임에 대해 자세히 알려진 정보가 없다. 블래스터라는 타이틀로 보아 일종의 전투 게임인 듯하다. 이 시기에 친구들은 그에게 '천재 소년Genius Boy'이라는 별명을 붙여주었다.

1988년은 머스크에게 굉장히 의미 있는 해였다. 17세가 된 그는 미래에 대한 결단을 내려야 했다. 여기서 잠시 1년 전 남아프리카공화국의 상황을 살펴볼 필요가 있다. 심각한 인종갈등이라는 남아프리카공화국의 현실이 그의 결단에 결정적인 영향을 끼쳤기 때문이다.

1987년은 앙골라와 모잠비크의 독립운동을 비롯해 아프리카 대륙 전체에 반체제 운동이 불길처럼 번져가고 있을 때였다. 남아프리카공화국도 그 불길에서 예외가 되지 못했다. 그해 영국에서는 경찰 권력에 의해 살해된 흑인 인권 운동가 스티브 비코Steve Biko를 다룬 영화 〈자유의 절규Cry Freedom〉가 상영되었다. 영화의 주연은 그때까지는 그다지 유명하지 않았던 흑인 배우 덴젤 워싱턴Denzel Washington이 맡았다. 〈자유의 절규〉는 남아프리카공화국에서도 상영되기는 했지만, 과격한 백인들에 의해 상영관이 폭발되는 사건이 여러 건 발생했다.

당시 남아프리카공화국 인구통계 분포를 보면, 백인이 22%, 흑인이 75%, 나머지 3%는 컬러드(혼혈)라고 부르는 사람들로 구성되어 있었다. 인구구성 상 흑인이 압도적으로 많았지만 악질적인 인종차별 정책인 '아파르트헤이트Apartheid'가 버젓이 남아 있을 때였기 때문에 지배 권력은 백인들이 독차지하고 있었다.

당시 남아프리카공화국의 백인들은 18세가 되면 군대에 가야 하는 의무규정이 있었다. 머스크가 장래의 문제로 고민하던 시기는 군 입대를 코앞에 둔 17세 때였다. 그는 인종차별을 지지하는 군인이 되고 싶은 마음이 없었다. 고민 끝에 그는 어머니에게 미국에 가고 싶다는 의사를 밝혔다. 머스크는 어릴 때 딱 한 번 아버지를 따라 미국에 간 적이 있었다. 아마도 그때 무언가 강렬한 인상을 받아 미국 행을 결심한 듯하다. 아니면 어린 시절부터 컴퓨터를 배우고, 공상과학 소설에 빠져 성장하는 과정에서 자연스럽게 과학이 발달한 나라인 미국을 동경해왔는지도 모른다.

하지만 그의 의지와는 달리 어머니는 아들의 미국 행을 반대했다. 어머니의 뜻을 거스를 수 없었던 그는 차선책으로 캐나다를 선택했다. 캐나다에는 먼 친척이 살고 있어서 채소밭을 가꾸는 일을 도우며 잠자리와 음식을 해결할 수 있었다. 이유는 명확치 않지만, 머스크가 캐나다로 건너간 이후 그의 어머니는 단 1달러도 보내주지 않았다고 한다. 아무튼 그로 인해 그는 먹고 사는 일 자체가 결코 녹록치 않다는 사실을 많이 배우게 된다. 누구에게나 마찬가지겠지만 자립이라는 과정에 도달하기까지는 고생이 따른다.

머스크는 캐나다 온타리오의 퀸스대학을 다녔다. 그곳에서 그는 나중에 첫 번째 부인이 된, 캐나다 출신의 저스틴을 만난다. 그녀는 나중에 머스크를 반려자로 선택한 이유를 '나의 촉촉하고 윤기 나는 긴 머리칼과 날씬한 허리가 아닌 내 미래에 관심을 가져준 남자에게 감동했기 때문'이라고 밝히기도 했다. 하지만 저스틴의 미래에 관심을 가진 남자 머스크는 결코 자신의 미래도 포기하지 않았고, 결국 나중에 두 사람은 다섯 명의 아들만을 남긴 채 이혼으로 각자의 길을 걷게 된다.

머스크는 퀸스대학을 2년 간 다닌 후 그토록 바라던 미국으로 건너가 펜실베이니아대학에 편입한다. 그는 그곳에서 물리학과 경제학 학위를 취득했다. 당시 그는 대학 친구인 아데오 레시Adeo Ressi와 함께 살았는데, 그곳에서 대규모 파티를 기획해 생활비를 마련했다고 한다. 또한 한편으로 북 스캐닝 서비스, 초고성능 축전지를 이용하는 에너지 저장 사업모델 등에 대해 꼼꼼히 생각해 보기도 했다.

● ZIP2, 엑스닷컴 그리고 페이팔

그 후 그는 에너지 물리학과 응용 물리학을 전공할 계획으로 스탠포드대학원에 진학했지만 불과 이틀 만에 자퇴했다. 1995년, 그가 24세 되던 해였다. 그가 자퇴한 이유는 당시 불고 있던 뜨거운 물결을 거부할 수 없었던 까닭으로 보인다. 그해 세상에는 최신 테크놀로지가 넘쳐 나고 있었다. 키보드를 두드려 컴퓨터 소프트웨어를 만들 줄 아는 신선한 머리의 젊은이들은 모두 '창업'이라는 뜨거운 물결에 뛰어들었다. 당장은 비록 알몸뚱이 하나 밖에 없지만, 누구든 황금침대를 차지할 기회를 가질 수 있는 거대한 IT시장의 매력은 그들이 모든 것을 걸고 뛰어들 만큼 황홀해 보였다.

머스크는 스탠포드대학원을 자퇴한 후 고국 남아프리카공화국에서 건너온 남동생 킴발 머스크kimbal musk와 함께 'Zip2'라는 기업을 창업한다. Zip2는 길거리에서 모은 일반적이고 유용한 정보를 온라인에서 제공하는 사업을 하는 기업이었다. 반응이 좋아 나중에는 〈뉴욕타임즈〉와 〈시카고 트리뷴〉 같은 유명 신문사 사이트에도 콘텐츠를 제공했다. 하지만 여전히 사무실에서 숙식을 해결할 만큼 자금이 부족했던 머스크는 여느 실리콘밸리의 젊은이와 마찬가지로 엔젤 투자를 받기로 했다. 그 결과 그는 무려 360만 달러를 투자받았고, 덕분에 Zip2를 성공 궤도에 올려놓을 수 있었다.

이후 머스크는 3억 7,000만 달러를 받고 Zip2를 컴팩Compaq에 매각했다. Zip2의 지분 7%를 소유하고 있던 머스크는 이 매각 건으로 약 2,200만 달러에 달하는 거금을 손에 쥐었다. 그는 그 돈으로 곧장 인터넷 결제 서비스를 제공하는 기업인 엑스닷컴X.com을 창업했다. 당시 미국의 IT업계에서는 혁신적인 소프트웨어가 많이 개발되었지만, 결제 시스템 개발분야에서는 다소 부진한 면이 있었다. 인터넷 상에서 구현되는 결제 시스템을 개발하려면 카드 결제방식, 수수료 정산방식 등 상당한 금융지식이 필요한데, 당시 IT업계의 젊은 프로그래머 중에는 그만한 금융지식을 가진 사람이 드물었기 때문이다. 그런 측면에서, 대학 시절 경제학을 전공한 머스크에게는 해당 분야에서의 경쟁이 아무래도 유리할 수밖에 없었다.

2002년에 엑스닷컴은 비슷한 서비스를 제공하던 컨피니티라는 기업과 통합해 페이팔PayPal이라는 기업으로 재탄생했다. 참고로 페이팔은 컨피니티가 통합 전에 운영하던 결제 시스템의 이름이기도 하다. 머스크 자신도 몰랐겠지만 페이팔은 나중에 그가 우주를 향한 미래를 만들어가는 데 있어서 튼튼하고 넓은 초석이 되어 주었다.

02

쫓겨난 CEO, 공룡이 되다

Elon Musk

● 창업한 기업에서 쫓겨난 CEO

엘런 머스크는 페이팔의 깃발을 내걸면서 이렇게 포부를 밝혔다.

"모든 인터넷 사용자에게 간단하고 편리한 매매가 가능한 결제 서비스를 제공하겠다."

페이팔은 먼저 PDA^{Personal Digital Assistant} 단말기를 타깃으로 온라인 결제 시스템 서비스를 전개했다. 개인 간에 전자화폐를 취급하는 일종의 전자지갑 비슷한 서비스였다. 당시 PDA 단말기의 운영 시스템은 팜^{Palm}이었다. 지금으로 따지면 스마트폰의 안드로이드 같은 시스템이었다. 팜은 나름대로 안정된 시스템이었고, 개인용 휴대 단말기인 PDA의 시장도 밝아 보였다. 엑셀^{Excel}과 비슷한 스프레드 시트도 구현할 수 있었고, 편집까지는 힘들었지만 컴퓨터에 저장된 사진 파일을 전송하는 기능도 있었다. 하지만 사용자들의 지속적인 반응을 끌어내기에는 역부족이었다. 시간이 갈수록 PDA 단말기의 보급률은 현저히 떨어지기 시작했다.

그러는 사이 사용자들은 인터넷을 공룡으로 키우면서 개인 간 송금보다는 웹 사이트 기반의 송금 결제방식을 선호하게 되었다. 이러한 사용자들의 선호도 변화에 의해 웹 기반의 전자상거래를 취급하는 이베이의 옥션 사이트 이용률이 급등하기 시작했다. 페이팔은 이러한 변화에 맞춰 타깃을 이베이로 좁혀 이메일을 기반으로 하는 새로운 결제 서비스를 선보였다. 그러자 페이팔의 결제 시스템을 선호하는 사용자들이 급증하면서 페이팔의 가치가 몇 단계 훌쩍 뛰어올랐다.

하지만 서로 다른 조직에 있던 사람들이 한 공간에 모여 똑같은 일을 하게 되면 마찰이 불가피하다. 페이팔도 예외는 아니었다. 사람들 간의 의견 대립은 눈에 보이지 않게 진행되다가도 때가 되면 수면 위로 부상하게 마련이다. 이렇게 상대에 대한 적대감이 적나라하게 노출되기 시작하면 들에 퍼진 불길처럼 걷잡기가 어려워진다. 페이팔 내부에서 엑스닷컴과 컨피니티 측 사람들의 알력이 인내의 한계를 넘어섰다. 결국 사태해결을 위해 긴급 이사회가 열렸고, 그 결과 머스크가 새로운 CEO로 추대되었다.

사실 머스크는 CEO에 오르자마자 페이팔이라는 사명을 다시 엑스닷컴X.com으로 바꾸려고 시도했었다. 하지만 아무리 머스크라도 개인 회사가 아닌 이상 무조건 자신의 뜻을 밀어붙일 수는 없었다. 어찌 보면 기이한 집착으로 보이지만, 아무튼 그는 X라는 알파벳에 큰 애정을 갖고 있는 듯하다. X라는 알파벳이 '미지의 것'이라는 이미지도 강하지만, '종결자'라는 뉘앙스를 풍기기도 해서일까? 그는 나중에 창업한 우주 로켓기업의 이름도 '스페이스X'로 짓고, 테슬라에서 개발한 SUV 차량에도 '모델 X'라는 이름을 붙였다.

안타깝게도 머스크를 CEO에 앉힌 이사회의 결정은 미봉책에 그치고 말았다. 2000년, 시드니 하계 올림픽을 보려고 비행기에 탑승했을 때에만 해도 머스크는 오랜만에 여유로움을 느끼며 '지금은 일단 CEO가 된 것에 만족하자'고 생각했을지 모른다. 하지만 오랜 기간 지겹도록 이어진 반목과 질시라는 불씨는 여전히 꺼지지 않고 있었다. 그가 하늘 위에 떠 있을 때 지상에서는 전혀 예상치 못한 상황이 비밀리에 진행되고 있었다. 머스크의 반대편에 서 있던 사람들이 그를 신속하게 해고한 것이다. 머스크가 자신이 만든 기업에서 쫓겨나는 순간이었다.

● 하루아침에 억만장자가 되다

미국의 IT업계는 애초에 전 세계적인 규모를 상정하고 기업을 일으키기 때문에 내부의 분열이 생겨도 웬만해서는 기업 자체를 두 동강 내거나 갈가리 찢어놓지는 않는다. 내부의 일은 어디까지나 내부의 일일 뿐이라고 치부하고 언젠가 큰 돈벌이가 될 거라고 여기기 때문이다. 서로의 입맛에 맞는 CEO를 내세우고, 다시 해임시키고 급기야 창업자까지 쫓아내더라도 기업의 형태만큼은 끝까지 유지시키려는 암묵의 동의가 존재한다.

머스크를 CEO에서 해임하는 한편, 페이팔은 매각을 추진했다. 여러 군데와 교섭했지만 모두 실패로 돌아가자, 결국 페이팔은 2002년에 기업의 가치를 객관적으로 증명할 수 있는 확실하고 즉각적인 방법을 선택했다. 페이팔의 주식을 상장하기로 결정한 것이다. 그런데 상장 직전, 놀랍게도 이베이가 페이팔을 매입하기로 결정했다. 이베이 입장에서는 페이팔이 눈엣가시처럼 자사의 결제 서비스를 잠식하는 기업이기는 했지만, 한편으로 이베이에 꼭 필요한 서비스를 제공하는 기업이기도 했기 때문이다.

이베이는 페이팔을 사들이는 데 무려 15억 달러를 지불했다. 비록 CEO 자리에서 쫓겨나기는 했지만 여전히 페이팔의 최대주주였던 머스크의 손에도 1억 6,500만 달러라는 거액이 들어왔다. 그는 그 돈을 스페이스X, 테슬라, 솔라시티에 아낌없이 쏟아 부었고, 더불어 에버드림에도 투자했다. 앞서 언급했듯이 에버드림에 투자한 돈은 테슬라가 빈사상태에 빠졌을 때 머스크를 구하는 행운의 복주머니가 된다. 드디어 '지구를 구하겠다'는 머스크의 꿈이 서서히 실질적인 형태로 드러나기 시작하는 순간이었다.

● 페이팔 마피아, 지구를 정복하다

페이팔은 내부의 복잡한 사정에도 불구하고 이베이로 하여금 15억 달러를 내놓게 만듦으로써 끝내 자신들이 원하는 목표를 이루었다. 칼처럼 대립하면서도 원하는 방향으로 배를 몰고 가는 선원들 각자의 능력이 탁월한 덕분이었다. 이와 관련해 경제전문지 〈포춘fortune〉에서 실은 기사를 보면 '페이팔 마피아'라는 말이 나온다. 마피아라는 다소 부정적인 이미지의 단어를 쓴 까닭은, 일설에 따르면 페이팔이 러시아 마

● 캘리포니아 주에 있는 페이팔 본사

'실리콘밸리의 성공신화'
'창업한 기업에서 쫓겨난 CEO'
엘런 머스크에게 페이팔은 성공과 좌절을
동시에 안겨준 기업이다.

피아가 개입한 인터넷 사이트 부정 이용을 막으려고 대립했기 때문이라고 하나 정확한 내용은 밝혀진 바가 없다.

하지만 〈포춘〉의 기사에서 굳이 마피아라는 단어를 갖다 쓴 데에는 또 다른 이유가 있었다. 페이팔 출신의 인물들이 그 후에도 IT업계에서 마치 마피아처럼 막강한 영향력을 행사했기 때문이다.

그 대표적인 인물이 페이팔에서 나와 유튜브를 공동 창업한 스티브 첸Steve Chen이다. 그는 창업 20개월 만에 우리 돈 약 2조 원을 받고 유튜브를 구글에 매각했다.

또 한 명의 인물은 옐프Yelp를 창업한 제레미 스토플먼Jeremy Stoppleman이다. 옐프는 지역별로 음식점, 미용실, 세탁소, 병원 등을 직접 이용해본 사용자가 올린 이용후기를 사용자끼리 공유하는 서비스를 제공하는 기업이다. 즉, 사용자 참가형 리뷰 서비스라고 보면 된다. 옐프의 수익은 각 지역의 소규모 사업자의 광고, 전국 규모의 브랜드 광고, 이베이 등에서 발생한다. 한때 구글에서 옐프를 사겠다고 우리 돈 약 570억 원을 제시한 적이 있지만, 스토플먼은 그 제안을 마치 어린아이가 던진 야구공을 받아치듯 가볍게 거절했다. 스토플먼은 2012년에 옐프를 나스닥에 상장했다. 현재 옐프의 자산가치는 우리 돈 약 1조 7,000억 원에 달한다.

〈포춘〉은 기사의 말미에 페이팔 마피아의 성공요인을 다음과 같이 분석해놓았다.

첫째, 우수한 인재들이 모였고, 자유로운 토론이 허용되는 환경

둘째, 결코 2루타에 만족하지 않는 향상심

셋째, 세계정복지수를 두고 벌이는 경쟁

이 중에서 '세계정복지수'에 대해서는 약간의 설명이 필요할 듯하다. 웹 상에서 구현되는 소프트웨어나 서비스를 개발한 프로그래머들은 세계 각국의 사용자들이 자신이 개발한 소프트웨어를 얼마나 많이 사용하는지를 알려주는 카운터 프로그램을 컴퓨터 모니터에 설치해놓는다. 이를테면 길거리 통행인의 숫자를 세려고 사람이 지나갈 때마다 손에 든 카운터를 누르는 아르바이트를 연상하면 된다. 이때 카운트되는 숫자가 많을수록 세계정복지수도 올라간다. 페이팔 마피아들은 그런 우스꽝스러운 장치를 통해 나오는 결과를 보고 '오늘은 내가 세계를 정복했어!', '유럽 쪽은 내가 대세야!' 하며 서로의 경쟁심을 유발시켰던 모양이다.

 3장

불가능을 깨다, 문샷 씽킹
(Moonshot Thinking)

01

현실적인 한계를
역발상으로 넘어서다

Elon Musk

● 최소한 고도 300km는 날았다!

엘런 머스크는 언론과의 인터뷰에서 인터넷사업에 관해 이런 견해를 밝힌 적이 있다.

"그것이 비록 작더라도 많은 사람들에게 편리함을 제공하거나, 어떤 특별한 방법을 고안해 큰 가치를 생성해서 가족과 지인이 공유하고 그로 인해 일상생활이 보다 편리해진다면, 그래서 인터넷사업을 하는 기업의 가치가 올라간다면… 뭐, 그것도 좋은 일이다. (하지만) 인터넷 사업분야에는 인재가 많다. 그러니 (그중 일부가) 다른 분야에 눈을 돌려 거기서 재능을 발휘하는 것도 훌륭한 도전이 된다. 그들의 뛰어난 재능을 활용할 산업분야는 얼마든지 있다."

마치 머스크 자신을 두고 한 말 같다. 이 말대로 머스크는 인터넷 사업분야를 떠나 스페이스X를 설립했고, 생소한 분야에 도전하는 아마추어가 그렇듯 실패의 언덕에서 몇 번이나 미끄러졌다.

2006년 3월에 스페이스X가 쏘아올린 팰컨 1이 불과 수십 초 만에 바다에 추락한 지 거의 1년이라는 시간이 흐른 2007년 3월 20일. 스페이스X는 다시 한 번 팰컨 1의 발사를 시도했지만 이번에도 궤도 진입에 실패했다. 발사 후 불과 7분 만에 벌어진 결과였다.

기자들은 마이크 앞에 선 머스크가 이번에는 또 무슨 변명을 늘어놓을지 궁금했다.

"나는 무척 행복합니다."

이 말로 인터뷰를 시작한 머스크는 곧이어 이렇게 이야기했다.

"최소한 고도 300km는 날았습니다."

우주 항공분야의 용어를 빌리자면, 고도 100km 이상이면 '우주'라고 부른다. 머스크는 이것을 근거로 팰컨 1이 '우주를 날았다'고 자화자찬한 것이다.

"오늘 발사는 성공적이었습니다. 멋진 하루, 완벽한perfect 하루였습니다."

그는 재차 "멋진 하루였습니다"라는 말을 반복하며 인터뷰를 끝맺었다.

실패한 로켓 발사에 대한 머스크의 인터뷰 내용은 그렇다 쳐도, 그 다음에 취한 그의 행동은 어떻게 해석하면 좋을까. 그는 팰컨 1의 발사 실패 직후 스페이스X의 엔지니어들에게 새로운 로켓인 '팰컨 9Falcon Nine'의 설계에 착수하라고 지시했다.

앞서 언급했듯이 스페이스X는 2006년에 NASA와 국제우주정거장ISS에 물자 수송 등을 맡는 조건으로 COTS(상업용 궤도 운송 서비스) 프로젝트 계약을 맺었다. 이 임무를 수행하기 위해 새로 설계하는 팰컨 9(F9 R)의 앞부분에는 스페이스X가 독자적으로 개발한 우주선 '드래곤'을 탑재할 예정이었다.

　팰컨 9의 숫자 '9'는 엔진 수를 뜻한다. 즉, 팰컨 1은 엔진이 하나인 로켓이었다는 뜻이다. 팰컨 9는 로켓 엔진이 9개나 탑재되는 만큼 그 위용부터 팰컨 1과 차이가 났다. 2기통 엔진의 오토바이와 8기통 엔진의 슈퍼카의 차이를 연상하면 된다. 게다가 팰컨 9는 팰컨 1보다 10배 이상 향상된 궤도 투입능력과 빠른 추진력을 갖출 예정이었다.

　팰컨 1의 발사도 성공하지 못한 상태에서 팰컨 9 설계에 착수하라고 한 머스크의 지시는 마치 높이 1,950m의 한라산도 제대로 오르지 못한 사람이, 높이 8,848m의 에베레스트를 올라가겠다고 계획하는 것만큼이나 어리석게 느껴질 수 있다. 그럼에도 불구하고 머스크가 팰컨 9의 개발에 착수하라고 지시한 배경에는 NASA와 체결한 계약 이상의 원대한 프로젝트가 잠재되어 있었다. 나중에 그는 팰컨 9에 인류를 실어 화성에 보내겠다는 계획을 발표한다.

　2007년 8월, 다시 한 번 팰컨 1이 발사대 위에 섰다. 이번에는 스페이스X가 독자 개발한 신형 엔진을 달고, 미국 국방성이 관리하는 위성 '트레일 블레이저'까지 탑재한 상태였다. 하지만 역시 실패. 분리된 1단 로켓이 2단 로켓과 충돌하는 어이없는 사고가 발생했다.

　아득한 하늘 위에서는 어떤 일이 발생할지 아무도 예측할 수 없다. 머스크 역시 이것을 예측할 수는 없었다. 다만 그는 똑같은 실패를 반복하지 않기 위해 꾸준히 개선하려는 향상심만큼은 결코 버리지 않았다. 더 높이 날려면 높은 곳에서 더 많이 떨어져보아야 한다. 향상심은 그런 것이다.

　그해, 머스크는 첫 번째 부인 저스틴과 이혼했다. 저스틴이 "그의 야심은 아무도 못 말린다"라고 공개적으로 비난했다는 사실을 생각해 보면, 하루 24시간도 모자랐던 머스크로서는 가정에 따뜻한 시선을 보낼 여유가 전혀 없었던 모양이다.

'가정도 구하지 못하는 사람이 어떻게 지구를 구한다고 말할 수 있을까?'

당연히 이런 의문이 들 것이다. 하지만 지구와 가정을 별개의 지도로 놓고 보면 머스크를 조금은 이해할 수 있을지 모른다. 말하자면 사막을 횡단하는 사람과 남극을 탐험하는 사람은 마음가짐, 장비, 루트가 전혀 다르다. 동일한 요건을 적용할 수가 없다.

한편, 스페이스X처럼 고단한 여정을 걷던 테슬라는 드디어 제1호 전기 자동차를 세상에 내놓게 된다. 하지만 팰컨 1의 거듭되는 실패처럼 로드스터 역시 별 볼일 없는 자동차가 될지 모른다고 생각하는 사람들이 많았다.

● 문샷 씽킹, 포르쉐를 압도한 로드스터

실리콘밸리에는 '한 번 성공은 운, 두 번 성공은 실력'이라는 말이 널리 퍼져 있다. 이 말처럼 운이 한 번 찾아왔다고 성공이나 실력을 논하지는 않는다. 어디까지나 운은 꾸준히 실력을 쌓는 과정에서 살그머니 찾아드는 반가운 손님, 그 이상도 그 이하도 아니다. 머스크 역시 자신의 성공을 단순한 '운'이라고 평가받지 않으려면 테슬라의 전기 자동차를 꼭 성공시켜야 했다.

'문샷 씽킹Moonshot Thinking'은 마치 달을 향해 쏜 우주선처럼 무모한 도전이지만, 결국 성공해냈다는 의미로 쓰이는 말이다. 즉, 상상한 것에 과감히 도전해 현실로 이루어냈다는 뜻이다. 이 또한 실리콘밸리 사람들이 자주 입에 올리는 말이다.

전기 자동차 개발을 위한 머스크의 도전은 그야말로 문샷 씽킹이었다. 비록 출발은 지지부진했지만, 테슬라의 1호 전기 자동차 로드스터는 가솔린 자동차를 능가하는 엄청난 성능을 발휘했다.

로드스터는 겉모습부터 달랐다. 전기 자동차$^{EV,\ Electric\ Vehicle}$는 차 꽁무니에 달린 배기 머플러가 아예 없다. 로드스터는 길이 3,946mm, 폭 1,720mm, 높이 1,127mm의 전형적인 2인승 레이싱 자동차였다.

최대 출력은 288마력, 최대 속도는 안전 상 시속 200km로 제한되어 있다. 자동차의 성능을 말할 때에는 마력과 토크^{torque}가 빠지지 않는다. 힘이 좋다거나, 제로백(우리나라 기준으로 자동차가 출발해서 시속 100km의 속도에 도달하는 시간)이 얼마라는 말은 모두 마력과 토크에 관련된다. 마력은 75kg의 물체를 1초 동안에 1m 들어 올리는 힘을 말하고, 토크는 1m의 줄에 1kg의 물체를 달아 돌리는 회전력을 말한다.

예를 들어 정지상태에서 순간적으로 가속력을 발휘하거나 급경사진 언덕길을 오르는 경우처럼 당장 급하게 힘을 써야 한다면 토크가 높은 자동차가 유리하다. 이에 비해 마력은 높은 속도를 내고 그 속도를 일정하게 유지하는 능력을 말한다. 굳이 비교하자면 토크가 근육이 융성하게 발달된 보디빌더에 해당한다면, 마력은 민첩함과 빠르기가 장점인 복서에 해당한다고 볼 수 있다. 따라서 보디빌더의 괴력(토크)과 복서의 지구력(마력)을 동시에 지녔다면 자동차로서의 성능은 최고라고 생각하면 된다.

사람들은 직접적으로 와 닿는 정보를 신뢰하기 마련이다. 아무리 전기 자동차가 가솔린연료를 쓰지 않기 때문에 친환경적이고 경제적이라고 입이 닳도록 외쳐도, 자동차로서의 성능이 떨어지면 외면하고 지갑을 닫아 버린다.

로드스터가 완성되자 당연한 수순처럼 곳곳에서 비교 시승이 이루어졌다. 가장 관심을 끈 것은 '로드스터의 성능이 그렇게 탁월하다면 최고의 레이싱 자동차인 포르쉐와 달리게 해보자'는 시도였다. 당연히 압도적으로 포르쉐의 승리를 예상했다. 이미 검증된 차와 아마추어 집단이 만들어낸, 그것도 전기 자동차라면 결과는 뻔하다고 생각했다. 하지만 결과는 정반대였다. 출발신호가 떨어지자 로드스터는 기다렸다는 듯 땅을 박차고 굉장한 속도로 튀어나갔다. 마치 승부를 빨리 보고 싶은데 답답하게 갇혀 있던 훌륭한 경주마가 질주하는 모습 같았다. 물론 단거리 경주만으로 차량의 성능을 단정할 수는 없다. 하지만 최고의 성능을 갖춘 레이싱 자동차라고 일컬어지는 포르쉐와의 승부가 사람들에게 충격을 준 것만은 분명해 보였다.

사람은 인식의 틀이 커지면 그만큼 많은 정보를 수용할 수 있기 때문에 시야가 넓어진다. 문제는 인식의 틀이 좀체 깨지지 않는다는 데 있다. 전기 자동차에 대한 사람들의 고정관념을 깨는 것, 그것이 바로 테슬라가 바라던 바였다.

'전기 자동차라도 얼마든지 가솔린 자동차를 능가할 수 있다.'

가솔린 자동차는 점화 플러그로 가솔린을 폭발시켜 피스톤의 왕복운동을 회전운동으로 바꿔줌으로써 회전력(토크)을 얻어 움직인다. 그런데 단순하게 보이는 이 과정은 고열·고압에서 이루어지기 때문에 상

● 테슬라의 첫 번째 전기 자동차, 로드스터(Roadster)

'전기 자동차라도 얼마든지
가솔린 자동차를 능가할 수 있다.'
포르쉐를 압도한 로드스터.
사람들은 머스크의 상상을 눈으로 확인할 수 있었다.

당히 많은 부품과 정밀함이 요구된다. 또한 자동차가 고속을 내려면 회전수를 증가시켜야 하는데, 막상 일상적인 운행에서는 고속을 낼, 즉 회전수를 증가시킬 일이 그리 많지 않다. 그래서 상황에 따라 저속과 고속을 변환해줄 장치, 즉 기어가 필요하다. 가솔린 자동차는 이처럼 기본 구조 상 많은 부품이 사용되기 때문에 차체의 무게가 늘어난다. 자동차 업체들이 알루미늄 합금이나 탄소섬유 강화 플라스틱(CFRP) 등을 사용해 차체의 무게를 줄이려고 애쓰는 것도 이러한 이유 때문이다.

이에 비해 전기 자동차는 차가 출발하는 순간부터 회전력이 생기기 때문에 기어가 필요 없다. 후진 기어도 필요 없다. 전류만 거꾸로 흐르게 하면 역회전이 생기기 때문이다. 또한 가솔린 자동차에 비하면 외부의 소음이나 진동을 거의 느낄 수 없다는 탁월한 장점이 있다. 게다가 테슬라의 로드스터는 차체가 알루미늄 합금으로 만들어져서 강도와 내구성이 탁월하다.

그런데 로드스터는 가솔린 자동차에 비해 차에 들어가는 부품 수가 적은 데에도 불구하고 중량이 1,235kg에 달한다. 가솔린연료로 달리는 일반 레이싱 자동차의 중량이 1,600kg 전후인데, 이러한 차량의 파워트레인 무게를 빼면 로드스터와 별 차이가 나지 않는다. 여기서 전기 자동차의 약점이 드러난다.

로드스터의 중량이 많이 나가는 원인은 바로 '배터리'에 있다. 로드스터에는 리튬 이온 배터리가 무려 6,000셀cell 이상 들어가는데, 그 무게가 상당하기 때문이다. 가솔린 자동차가 움직이려면 연료탱크에 가솔린을 채워야 하듯이, 전기 자동차에도 전기 에너지를 모아두는 장치가 필요하다는 어쩔 수 없는 제약이 있다.

● 범용성에서 찾은 전기 자동차 상용화의 열쇠

테슬라에서 로드스터를 출시하기 전까지 다른 자동차업체에서 이따금 선보인 전기 자동차들은 모두 그 차를 위해 별도로 개발된 대형 배터리팩을 사용했다. 그러다 보니 배터리가격이 너무 비싸서 대중화·상용화 단계까지 이어지지 못했다.

머스크는 이러한 전기 자동차의 약점을 뛰어난 발상으로 극복했다. '대형 배터리팩을 별도로 개발하는 대신 일상적으로 사용되는 배터리를 사용하면 어떨까?' 이 기막힌 발상이 테슬라가 전기 자동차기업으로서 입지를 굳히는 중요한 출발점이 된다.

현재 일상(범용)적으로 사용되는 배터리 중에서 머스크가 구상하는 전기 자동차에 가장 적합한 것은 리튬 이온 배터리다. 노트북이나 스마트폰 등에 주로 쓰이는 리튬 이온 배터리는 대량생산을 하기 때문에 가격이 비교적 저렴하고 품질도 안정되어 있다. 특히 전기 자동차에 리튬 이온 배터리를 사용하면 에너지 밀도가 높아진다는 장점을 얻을 수 있다. 즉, 가솔린 자동차 이상의 파워를 갖게 된다는 뜻이다.

머스크의 발상대로 전기 자동차에 리튬 이온 배터리를 사용한다면 테슬라의 엔지니어들이 해야 할 임무는 단 한 가지다.

'수많은 리튬 이온 배터리를 기술적으로 연결해 안정화된 배터리팩을 만들 것!'

전기 자동차의 성공 여부는 바로 이 배터리팩에 달려있다고 해도 과언이 아니다.

배터리는 1800년 이탈리아 출신의 과학자 알렌산드로 볼타^{Alessandro}

Giuseppe Antonio Anastasio Volta가 발명한 '볼타 전지Voltaic cell'가 최초라고 알려져 있다. 그 후 1886년에 프랑스의 엔지니어인 G. 르클랑셰Leclanche가 발명한 르클랑셰 전지Leclanche cell가 호평을 받았지만 액체를 사용했기 때문에 취급하기가 매우 까다로웠다. 게다가 추운 곳에서는 액체가 얼어버려서 전혀 사용할 수가 없었다.

우리가 흔히 건전지라고 부르는 배터리는 일본인 야이 사키조우屋井先藏의 발명품이다. 건乾은 '마르다'라는 뜻을 갖고 있다. 그래서 건전지를 영어로는 'dry cell'이라고 부른다. 하지만 그가 세계 최초로 '건전지乾電池'라는 용어를 사용했다는 사실에 대해서는 잘 알려져 있지 않다. 안타깝게도 사키조우는 너무 가난해서 특허신청을 못하는 바람에 건전지를 3년이나 먼저 발명해놓고도 최초의 건전지를 발명한 사람이라는 칭호를 받지 못했다. 대신 위에 언급한 르클랑셰가 그 영예를 차지했다.

건전지 이후에는 2차 배터리가 발명되었다. 2차 배터리는 충전해서 다시 쓸 수 있는 것을 말한다. 처음에는 니켈 수소 배터리가 2차 배터리로서 각광을 받다가, 그 후 등장한 리튬 이온 배터리가 급속히 대중화의 물결을 탔다.

테슬라가 독자적으로 개발하는 배터리팩에 사용되는 리튬 이온 배터리는 파나소닉에서 제조한 '18650'이라는 제품이다. 18650이란 배터리의 직경이 18mm이고 길이가 65mm라는 뜻이다. 이렇게 개발된 배터리팩은 로드스터 차체 밑바닥에 장착된다.

그런데 다음과 같이 테슬라에서 로드스터를 만드는 전체 공정을 보면, 이 배터리팩을 제외하면 거의 '남의 것'이나 다름없다는 생각이 들기도 한다.

● 테슬라에서 사용하는 파나소닉 배터리

1. 자동차 보디 패널은 프랑스에서 제작한다.
2. 프랑스에서 제작된 보디 패널은 영국의 로터스로 건너온다.
3. 로터스가 제작한 섀시chassis에 프랑스에서 제작한 보디 패널을 조립한다.
4. '섀시+보디 패널'의 조립품이 미국으로 들어온다.
5. 트랜스미션은 미국 미시건 주에 있는 업체가 제작한다.
6. 브레이크 시스템과 에어백은 독일에 있는 업체가 제작한다.
7. 위 모든 부품과 조립품이 캘리포니아 주의 테슬라 공장에 들어온다.
8. 테슬라는 자체 개발한 배터리팩과 전기 모터, 파워 트레인을 차체에 조립해서 로드스터를 완성한다.

이러다 보니 그때까지는 로드스터만으로 전기 자동차를 말할 수 없고, 로드스터만으로 테슬라를 말할 수 없는 시기였다. 가까운 바다라면 해안선, 산호초, 조수에 대한 지식만으로도 배를 안전히 몰 수 있다. 하지만 미지의 바다를 상대하려면 전적으로 복합적이고 전문적인 테크놀로지가 뒷받침되어야 한다. 가령, 항해술에는 천문학이 포함되는데, 그 기초는 수학과 기하학이다. 그래야 캄캄한 밤에도 수평선 너머로 항해할 수 있다. 전기 자동차라는 미지의 바다에 띄운 로드스터는 아직은 항해술을 모르는 경험 얕은 선장이 힘겹게 지휘하는 작은 배에 불과했다.

그럼에도 불구하고 2인승 레이싱 자동차인 로드스터의 에너지 효율은 매우 뛰어났다. 로드스터는 단 1회 충전으로 394km를 주행할 수 있었다. 우리나라로 치면 서울역에서 출발해 경남 통영까지 갈 수 있는 거리다. 테슬라의 첫 작품인 로드스터는 출시 지연, 자동차부품의 자체 개발 미흡 등의 여러 문제점을 노출하기는 했지만, 전기 자동차의 상용화를 5~10년 앞당기는 계기가 되었다.

● 거대 언론의 도발에 정면으로 맞서다

1997년부터 방송된 '탑기어Top Gear'는 영국 BBC 방송국에서 제작하는 프로그램이다. 탑 기어에서는 전 세계의 슈퍼 자동차, 일반 양산 자동차, 클래식 자동차, 대형 트랙터, 오토바이 등, 바퀴와 엔진이 달린 것이라면 모조리 등장시켜 경주를 벌이거나 비교 시승을 한다. 이렇듯 발상이 흥미롭다 보니 이 프로그램은 전 세계 30개 국 20억 명의 시청자가 있을 정도로 높은 인기를 모으고 있다. 우리나라에서는 2011년부터 케이블 방송국에서 자체적으로 '탑 기어 코리아'를 제작해 방송하고 있다.

테슬라가 내놓은 첫 번째 전기 자동차, 그것도 레이싱 자동차인 로드스터를 탑 기어가 가만 둬둘 리 없었다. 그런데 자동차의 비교 시승은 언뜻 보면 객관적이고 공정한 저울 위에서 이루어지는 것처럼 보이지만, 실상은 '공정한 판단'이라는 명목 아래 특정한 목적을 숨기고 결과를 의도한 대로 끌고 가는 일이 가끔 벌어진다. 이처럼 조작이지만, 사람들이 눈치 채지 못하도록 공공연하게 포장하는 데 능숙한 집단이나 사람이 현실에는 꽤 많이 존재한다.

테슬라에서는 탑 기어의 요청에 따라 2대의 로드스터를 제공했다. 그런데 방송에서 '가속력이 뛰어나다'는 시승자의 극찬을 받으며 달리던 로드스터가 어느 순간 멈춰 섰다. 그리고 이어 로드스터가 스텝들에 의해 패잔병처럼 차고로 밀려들어가는 장면이 방송을 탔다.

탑 기어에서는 전기 자동차가 아무리 빨라도 결국은 수시로 충전하지 못한다면, 즉 충전할 곳이 충분하지 않다면 '무용지물'이라는 속내를 감추고 그럴듯하게 비교 시승이라는 타이틀을 내걸었던 셈이다. 게다가 테슬라의 로드스터와 비교 시승한 차는 영국 로터스의 엘리스였다. 다시 말해 미국에서 개발된 전기 자동차, 영국에서 개발된 가솔린 자동차의 대결이었다. 또한 비교 시승을 시도한 곳은 영국의 BBC 방송국이었다. 이쯤 되면 어떤 보이지 않는 의도가 있었음이 더욱 명확해진다.

달걀은 약하다. 3살짜리 아이의 손에만 닿아도 깨진다. 달걀의 무기는 최선의 방어가 아니다. 즉각 공격하지 않으면 무참히 부서진다. 머스크는 즉시 반격에 나섰다.

"탑 기어는 밀리 바닐리Milly Vanilli다!"

밀리 바닐리는 데뷔한 지 얼마 되지 않아 600만 장의 앨범을 팔면서 일약 세계적인 스타가 된 2인조 남성 듀오이다. 그들은 그러한 활약으로 그래미상까지 수상했지만, 나중에 자신들이 직접 노래를 부르지 않고 대타 가수가 있었다는 사실이 밝혀졌다. 한 마디로 립싱크를 한 것이다. 당연히 그래미상이 박탈되었고, 그들의 음반을 제작한 음반업체는 구매 고객의 격렬한 항의에 못 이겨 전액 환불을 해주는 소동을 겪었다. 그 후 그래미상에서는 '무조건 라이브'로 노래해야 한다는 새로운 규정이 생겼다. 밀리 바닐리 멤버 중 한 명은 마약과 술에 절어 살다 비참한 생을 마쳤다.

머스크가 탑 기어를 밀리 바닐리에 빗댄 데에는 '탑 기어, 너희는 사기꾼이야!'라는 날 선 비난의 의미가 담겨 있었다.

1886년, 독일인 고트리브 다임러Gottlieb Daimler와 칼 벤츠Karl Benz는 각각 실용적인 가솔린 자동차를 만들었다. 이들이 만든 자동차는 당시 대중적인 교통수단이었던 말馬에 비해 기본적으로 안정된 주행이 가능하고 가솔린만 넣으면 움직인다는 장점을 가지고 있었다. 그래서 다임러에서는 광고에 이런 문구를 넣기도 했다.

'다임러는 훌륭한 동물입니다. 쉴 때도 먹이를 줄 필요가 없습니다.'

그 후 말을 밀어내고 자동차가 그 자리를 차지하기까지는 그리 오랜 시간이 걸리지 않았다.

머스크의 입장에서 보면 가솔린연료만으로 움직이는 자동차는 말馬이다. 앞으로는 가솔린을 넣지 않고도 달리는 자동차가 대세를 이룰 것이다. 그 첫 작품인 로드스터가 탑 기어 때문에 전 세계의 조롱거리가 되었다. 머스크는 탑 기어에서 다룬 내용이 얼마나 부실하고 불공평했는지를 조목조목 지적했다. 그리고 끝내는 BBC 방송국을 상대로 소송을 걸었다.

여기서 우리가 이해해야 할 것이 있다. 원체 미국은 일상생활에서 소송이 수도 없이 일어나는 나라라는 사실이다. 다시 말해 아침에 눈을

떴을 때 누가 어떤 문제로 소송을 걸지 알 수 없는 나라가 미국이다. 커피숍에서 너무 뜨거운 커피를 내놓는 바람에 화상을 입었다고 소송을 걸기도 하고, 서로 치약 짜는 습관이 다르다고 부부 간에 이혼소송이 벌어지기도 한다.

미국이라는 나라의 기본적인 토대는 남의 땅에 무조건 들어와 씨앗을 뿌려놓은 다음에 권총을 들고 자신이 수확해야 마땅한 땅이라고 주장하는 역사부터 시작되었다. 지금은 총질 대신 법정이라는 고상하게 포장된 장소에서 서로의 목을 먼저 조르려고 애쓴다는 점이 다를 뿐이다. 우리가 흔히 말하는 성과주의는 여기서부터 비롯되었다. 기업이 아무리 훌륭한 목표와 사상을 표명하고 있어도 거기서 일하는 사람들은 자신을 먼저 인정해주지 않으면 몸담았던 직장에 쉽게 등을 돌린다. 그 배경에는 개인이 우선적으로 존재해야 한다는 뿌리 깊은 신념이 있다. 반목하면서 소송을 일으키고, 악수하면서 곧장 해고 통보에 들어간다. 그들은 합리적이라는 아름다운 이름을 내세우지만 사실은 개인이 이룰 수 있는 능력을 돈으로 환산하는 데 익숙할 뿐이다.

어떤 일본인이 대기업의 미국 지사로 부임해서 수많은 소송에 시달리다가 귀국 후 정신병 치료를 받았다는 사례도 있다. 동양인의 관점에서는 소송거리도 안 되는 일들이, 다시 말해 원만한 해결이 가능한 일들이 미국이라는 환경에서는 법정까지 끌고 가야 직성이 풀린다. 정신적·문화적인 기초가 다르면 우리는 상당히 곤혹스러워한다. 머스크가 BBC에게 소송을 건 것 역시 미국 사람들에게는 일상적인 일일 뿐이다. 다만 달걀로 바위를 내려치려 했을 때 사람들은 주목하기 시작한다.

02

오래된 불가능을
현실로 이끌다

Elon Musk

● 질은 양에서 나온다

어떤 기자가 머스크에게 물었다.

"대규모 사업을 동시에 추진할 수 있는 원동력이라고 할까, 그 비결이 있나요?"

머스크는 잠시 생각하더니 이렇게 대답했다.

"많이 일합니다. … 어떡하든 많이 일합니다."

지금까지 머스크가 언론을 대상으로 한 말 중에 가장 단순하고 직설적인 표현이다. 한편으로는 거부할 수 없는 묵직한 힘이 느껴지기도 한다. 그는 또 이런 말을 하기도 했다.

"기업을 경영하는 사람은 지옥처럼 일해야 한다. 보통 사람보다 2.5배는 일해야 한다는 뜻이다. 그래야 성공할 확률이 높아진다."

'질質은 양量에서 나온다'는 말이다. 한 번의 성공은 99번의 실패를 의미한다. 반대로 생각하면 99번의 실패를 어떻게 견디느냐가 한 번의 성공을 좌우한다는 의미이기도 하다.

머스크가 스페이스X를 설립한 후 수차례에 걸쳐 팰컨 1 발사에 실패하자 실리콘밸리에는 이런 농담까지 생겼다고 한다.

"어떻게 우주산업으로 백만장자가 되었나요 How do you become a new space millionaire?"

"억만장자로 시작했거든요 Start off as a billionaire."

페이팔을 팔아서 생긴 거금을 스페이스X에 쏟아 부으면서 자금 부족에 시달렸던 머스크를 비꼬는 유머였다. 나무에 오르지 못하는 여우는 탐스럽게 매달린 포도를 못 따먹으니까 이렇게 말한다.

"난, 신 포도는 안 먹거든."

못하는 사람들과 안 하는 사람들은 늘 변명거리에 굶주린다.

2008년 9월 28일 오전 11시 15분, 연료를 가득 채운 팰컨 1이 다시 발사대 위에 섰다. '… 3, 2, 1', 카운트다운이 끝나자 강렬한 빛, 활활 타오르는 화염과 함께 구름 같은 연기가 뭉실뭉실 피어올랐다.

- 발사 후 2분 40초 : 1단계 성공
- 발사 후 10분 : 예정 궤도에 진입. 드디어 성공!

비록 3년 이내에 성공하겠다는 약속은 지키지 못했지만, 스페이스X를 창립한 지 6년 만에 이루어낸 쾌거였다. 이날 팰컨 1의 비행시간은 길지 않았지만, 기술적으로는 기적이라고 부를 수밖에 없었다. 그때까지 스페이스X가 로켓 발사에 쏟아 부은 비용만 해도 1억 달러, 우리 돈으로 1,000억 원에 달했다. 머스크 입장에서는 그 기쁨을 외치지 않을 수 없었다.

"오늘은 내 인생 최고의 날이다! 우리가 해온 노력이 옳았음을 증명해냈다!"

● All Systems Green! 마법의 용, 우주를 날다

2010년 12월 8일. 이날 로켓 발사대 위에 선 주인공은 팰컨 1이 아니라 '팰컨 9'이었다. 발사대의 위치도 달랐다. 플로리다 주 미국 공군기지였다. 스페이스X는 무게 330t의 팰컨 9을 설계·개발하는 5,000만 달러(약 510억 원)가 들었다. 그나마 팰컨 1을 제작할 때의 노하우를 활용해 줄일 만큼 줄인 금액이었다.

팰컨 9에는 스페이스X에서 제작한 우주선 '드래곤'이 탑재되어 있었다. 드래곤에는 NASA와의 계약대로 국제우주정거장에서 사용할, 500kg에 달하는 의복과 실험기구 등이 실려 있었다. 드래곤이란 명칭은 피터 폴 앤 메리Peter, Paul and Mary라는 미국의 혼성 포크 그룹이 1963년에 발표한, '둘은 배를 타고 바다로 나갔네'라는 가사로 시작되는 노래인 '마법의 용 퍼프Puff the magic dragon'에서 따왔다고 한다.

로켓을 지구 궤도에 올리려면 초속 8km로 날아야 한다. 초속 8km는 시속으로 따지면 1만 9,000km의 초고속이다.

팰컨 9의 발사는 성공했다. 남은 것은 우주선 드래곤의 임무 수행이다. 드래곤 역시 국제우주정거장에 무사히 화물을 전달했다.

하지만 드래곤이 지구로 무사히 귀환해야만 비로소 '성공'이라는 세상의 인정을 받을 수 있다. 직경 4m의 드래곤은 푸르스름한 빛을 발하는 지구 주위를 시속 2만 7,000km의 굉장한 속도로 돌고 있다. 우리가 살고 있는 지구는 직경 1만 2,700km이다. 지구의 자전속도는 시속 약 1,700km이다.

이제 임무 수행의 마무리가 얼마 남지 않았다. 지구를 두 바퀴 돌고 난 드래곤이 대기권으로 진입했다. 태평양이 광대하게 펼쳐져 있다. 드래곤은 마치 나비의 날개처럼 낙하산을 펴고 태평양에 착수着水한다. 무사히 귀환한 것이다.

"놀랄만한 위업이다!"

이렇게 발표한 것을 보니 NASA로서도 꽤 충격적이었던 모양이다. 민간기업으로서는 최초로 성공한 사례였으니 그럴 만도 했다.

머스크처럼 물리학적 법칙을 숭상하는 사람은 가설을 세우고 그 가설에 따른 결과를 예측한다. 단지 결과만 좋다고 무작정 기뻐하지 않는다. 자신이 예측한 대로 과정이 순탄히 풀려서 성공이라는 결과를 맺어야만 마음이 흡족하다. 그날, 머스크는 자신의 트위터에 이런 글을 남겼다.

"All systems, green!(시스템은 완벽히 작동했고, 우리는 성공했다!)"

2014년 8월 14일, 플로리다 주 케이프 캐너버럴 공군기지에서 팰컨 9이 다시 한 번 성공리에 발사되었다. 발사 5일 후, 스페이스X는 팰컨 9이 해상에 연착수하는 모습을 공개했다. 그 전에도 로켓 본체에 장착된 온 보드 카메라로 촬영한 팰컨 9의 영상이 공개된 적이 있었지만, 당시에는 시뻘건 불을 토하며 해상에 착륙하는 모습이 입체적이지 않았던 것이 아쉬웠다. 하지만 이번에는 비행기를 띄워 직접 촬영한 영상으로 팰컨 9이 바다에 연착수하는 모습을 생생히 확인할 수 있었다.

● 국제우주정거장에 화물을 전달하기 위해 정박해 있는 '드래곤'

"All Systems, Green!"
국제우주정거장까지 화물을 운송하고 귀환하라!
마침내 드래곤이 임무를 마치고 무사히 귀환했을 때
머스크는 기쁨을 감추지 않았다.

저궤도 통신위성ORBCOMM의 궤도 투입을 목적으로 발사된 팰컨 9은 발사 후 앞부분이 분리되었고, 분리된 로켓은 대기권에 재돌입하면서 엔진분사로 기체를 가속시켜 자세를 수직으로 잡은 후, 마치 땅에 닿듯이 푸른 바다 위에 사뿐히 자신의 몸을 내려놓았다. 이 영상에는 재활용 가능한 로켓의 자세, 엔진분사 상황이 역력히 나타나 있었다. 이번 성공으로 팰컨 9이 더 자주 그리고 더 빠른 주기로 사람들 앞에 모습을 드러낼 것이라는 기대감이 높아졌다.

2014년 8월 22일. 텍사스 주 스페이스X 자체 실험시설에서 발사된 재활용 로켓의 비행실험이 이루어졌다. 하지만 아쉽게도 기체이상으로 공중에서 폭발하면서 실패로 끝났다. 이제까지는 나름대로 성공을 거두었기에 스페이스X로서는 실망이 컸다. 자체 개발한, 4개의 다리를 밑부분에 장착한 시험용 재활용 로켓인 그래스호퍼의 후속기인 팰컨 9의 수직 이착륙 실험 중 발생한 사고였다.

3기의 엔진을 사용해 팰컨 9을 일정한 고도까지 수직으로 상승시킨 후, 직립한 상태에서 서서히 하강, 착륙시키려던 계획이었는데 비행 중 이상 징후가 탐지되면서 자동폭발 장치가 작동했다.

스페이스X 관계자는 원인은 알 수 없지만 정밀조사를 하겠다는 입장을 밝혔다. 이날 머스크는 자신의 블로그에 이렇게 심경을 피력했다.

'로켓 개발은 (한시도) 마음을 놓을 수 없다.'

하지만 여전히 민간 우주 로켓 개발업체로서는 독보적인 위치를 차지하고 있는 스페이스X를 한 두 번의 실패만으로 평가하기는 어렵다.

2014년 9월, 로이터 통신에 따르면 NASA에서 국제우주정거장에 유인 우주선을 운반할 '우주 택시사업'을 보잉과 스페이스X에 발주하겠다는 뜻을 밝혔다고 한다. 이 사업이 성공할 경우 미국 입장에서는 러시아제 우주선에 대한 의존도를 낮출 수 있다. 미국은 2010년에 오바마 대통령이 NASA가 우주 비행에서 손을 떼고 민간기업에 맡겨야 한다고 선언한 이후부터, 자체적으로 로켓을 띄우지 못하고 국제우주정거장에 대한 물자 공급을 전적으로 러시아에 의존하고 있었기 때문이다. 2017년 실현을 목표로 한 이 사업의 총 계약금액은 68억 달러이고, 그 중 42억 달러는 보잉에, 나머지 26억 달러는 스페이스X에 할당될 예정이다.

사람의 운은 가마타기와 비슷하다. 많은 사람들이 힘을 모아주어야 앞으로 힘차게 전진할 수 있다. 아직은 머스크가 탄 가마를 받쳐줄 사람들이 많은 듯했다.

● 로켓 제작비용을 인터넷에 공개하다

스페이스X가 최초로 이루어낸 업적은 뛰어난 기술력뿐만 아니라, '로켓 제작비용'을 획기적으로 줄인 데에서도 찾을 수 있다. 팰컨 9의 발사에 성공한 후, 머스크는 과감하게 로켓 제작비용을 인터넷에 공개했다. 그때까지 우주 항공 관련업체에서 로켓 제작비용을 공개한 적은 단 한 번도 없었다. 하지만 머스크는 소프트웨어 가이 출신이다. 한 마디로 IT 감각이 탁월한 사람이다. 공개할 만한 이유가 확실히 존재했다.

지금까지 NASA는 우주 개발에 들어가는 '돈'에 전혀 신경 쓰지 않았다. 미국의 정치인들도 자신의 입지에 필요하다면 얼마든지 '우주'를 끌어다 놓을 줄 아는 영악한 사람들이었다. 따라서 미국 정부도 우주 개발에는 깐깐하게 굴지 않았다. 보잉은 미국 정부와 우주 로켓을 제조하는 계약을 하면서 '실비정산 방식'을 적용했다. 실비정산 방식이란 우주 로켓 개발에 들어가는 비용은 정부가 모두 부담한다는 뜻으로, 보잉 입장에서는 로켓 개발비용에 자신들의 이익을 적당히 얹어서 정부에 청구하면 그만이었다. 절대 손해 볼 일이 없는, 한 마디로 앉아서 거저 돈을 벌 수 있는 계약을 체결한 셈이다. 마치 전력업체가 모든 비용에 자신의 이익을 얹어 '전기료'라는 이름으로 고지서를 발송하는 '총괄원가 방식'과 흡사하다.

이러한 방식을 적용할 경우 개발사 입장에서는 비용을 삭감할 이유나 동기부여가 생기지 않는다. 오히려 어떡하면 비용을 늘릴지에 얄팍한 꾀를 쓴다. 또한 자체 개발보다 하청업체를 선호하게 된다. 문제는 원청업체가 1차 하청업체에 맡기고, 1차 하청업체는 다시 2차 하청업체에 맡기는 식으로 하청업체가 계속 늘다 보면 당연히 로켓 제작원가도 덩달아 불어난다는 사실이다. 하지만 실비정산 방식으로 계약하면 이 모든 부담은 미국 정부가 짊어지기 때문에, 비록 시스템이 복잡해지더라도 원청업체는 그럭저럭 굴러가기 마련이다.

현실이 이러다 보니 어떤 업체도 로켓 제작비용을 머스크처럼 당당하게 공개할 수 없었다.

미국에서는 우주산업과 관련한 입찰이 상당히 비상식적으로 진행된다. 원칙적으로 장기 계약이며, 기업 한 곳이 독점한다. 그래서 스페이스X도 몇 차례 정부 입찰에 응했다가 번번이 떨어졌다. 머스크는 적어도 10억 달러를 아낄 수 있다는 근거를 조목조목 제시했지만, 비상식의 벽은 꿈쩍도 하지 않았다.

미국의 우주 항공 관련기업 중에서 가장 거대한 조직은 ULA^{United Launch Alliance}이다. ULA는 보잉과 록히드가 2006년에 합병출자 형태로 설립한 기업이다. 보잉은 알다시피 연간 690억 달러의 매출을 올리는 세계 최대의 항공·우주기기업체로, 군수산업에도 관련하고 있다. 록히드^{Lockheed}는 우리 돈으로 연간 50조 원의 매출을 올리는 전형적인 군수산업체이다. 스텔스, F-22, F-35 등 우리 귀에 익숙한 전투기가 모두 록히드에서 개발·제조된 제품이다.

ULA의 설립계획이 발표되었을 때, 스페이스X는 즉시 '반反 독점법 위반'으로 그들을 제소했다. 거대한 군수산업체 두 곳이 결탁하면 로켓시장의 건전한 경쟁을 저해한다고 호소했다. 앞서 말했듯이 미국은 소송으로 해가 뜨고 소송으로 해가 지는 나라이다. 특히 업계의 약자일수록 더욱 소송이라는 수단에 집착한다. 지구를 떠난 사고방식을 갖고 있는 머스크 역시 여전히 지구인다운 발상을 동시에 지녔다고 생각할 수 있다. 삶이 부여하는 시간은 누구에게나 늘 제한되어 있다. 한 마디로 유효기간이 있다. 따라서 아무리 머스크라도 현재를 무시하고 미래만 추구해서는 제한된 시간을 효과적으로 사용할 수 없다.

반 독점법은 마이크로소프트^{Microsoft} 때문에 유명해진 법이다. 마이크로소프트는 윈도^{Windows} 운영체제를 팔면서 웹브라우저인 익스플로러를 은근히 끼워 팔기 식으로 강요하는 바람에 사용자들의 저항에 부딪쳤다. 그로 인해 인터넷 화면을 켤 때 웹브라우저를 익스플로러로 선택할지, 아니면 크롬이나 사파리, 파이어폭스 같은 다른 웹브라우저를 선택할지는 사용자의 자유에 맡겨야지 독점해서는 안 된다는 취지의 소송에 휘말렸다. 알다시피 마이크로소프트는 미국뿐 아니라 세계 각국에서 제기한 반 독점법 위반 소송에서 패했다.

하지만 스페이스X의 반 독점법 위반 소송에 대해 미국 국무성의 연방거래위원회는 '반 독점법에 해당하지 않는다'는 판결을 내렸다. 누가 옳은지는 알 수 없다. 다만 분명한 것은 앞으로도 머스크 앞에는 그 자신의 힘으로 넘어야 할 거대한 벽이 많다는 사실이다.

● 완전히 경제적인 계획, 우주 로켓의 재활용

NASA의 케네디 우주센터에서 근무하는 과학자 필립은 머스크가 스페이스X의 엔지니어들을 몇 번 자신에게 보낸 적이 있다고 말했다. 필립의 주 연구 테마는 'Living off the land'이다. 이 말은 땅을 일구어서 먹고 살다, 즉 자급자족을 의미하는데, 아마 지구 외의 행성에서 자급자족할 방법을 연구하는 듯하다. 필립은 스페이스X의 엔지니어들로부터 로켓에 관한 이야기를 듣고 이렇게 말했다고 한다.

"엘런 머스크의 계획은 완전히 경제적이다. 그가 세운 계획은 어떤 기적적인 혁신이나 새로운 물리학을 요구하지 않는다. 그저 적당한 예산과 추진력이 있는 straight forward 엔지니어들만 있으면 충분하다."

그는 이것을 NASA의 공식적인 견해가 아닌 개인의 의견일 뿐이라고 했지만, 머스크의 계획을 긍정적으로 평가했다는 사실만은 분명해 보인다.

그런데 머스크가 엔지니어들을 필립에게 보낸 이유, 다시 말해 지구 외의 행성에서 자급자족을 하는 프로젝트에 관심을 기울인 이유는 무엇일까? 그 이유는 나중에 그가 발표한 '화성 거주 프로그램Mars settlement program'과 깊게 관련되어 있다. 이것은 한 마디로 21세기 말까지 약 8만 명의 지구인을 화성에 이주시킨다는 대규모 프로젝트이다. 이 프로젝트에는 일단 대형 우주선을 제조해서 1차로 10명 미만을 보내, 화성에서 자급자족할 수 있는 거주구역을 건설한다는 야심이 담겨 있다.

여기서 우리는 필립이 머스크의 계획을 '완전히 경제적'이라고 했다는 점을 다시 한 번 떠올릴 필요가 있다. 그의 말이 머스크가 주장하는 저예산 로켓 개발의 의미를 함축적으로 표현하고 있기 때문이다. 일반적으로 로켓 제작비용의 4분의 3은 1단계 로켓을 만드는 데 들어간다. 이 말은 로켓이 발사되는 순간 제작비용의 75%가 사라진다는 의미다. 머스크는 이 점에 착안해 다음과 같이 발상했다.

'그렇다면 1단계 로켓을 재활용하면 되지 않을까?'

이것은 테슬라에서 범용성 있는 리튬 이온 배터리를 이용해 전기 자동차용 배터리팩을 개발한 발상과 흡사하다. 이때에도 그는 다른 자동차업체들이 대형 배터리팩 개발에 집중하고 있을 때, '노트북에 사용되는 리튬 이온 배터리를 사용하면 어떨까?'라는 발상을 곧장 실천에 옮겼다.

머스크의 기발한 점은 바로 여기에 있다. 그는 결코 자신에게 없는 것을 계산에 넣지 않는다. 자신에게 있는 것만을 고려한다. 로켓의 재활용은 그 누구도 생각하지 못했다. 아니, 일반적인 생각의 틀에서 벗어나 있었는지도 모른다.

앞서 말했듯이, 스페이스X가 처음으로 개발한 로켓인 팰컨 1은 몇 차례의 실패를 거듭한 끝에 간신히 발사에 성공했다. 이처럼 로켓 발사에 어려움을 겪은 이유는 여러 가지가 있겠지만, 가장 큰 원인은 바로 머스크의 지시에 따라 처음부터 '재활용이 가능해야 한다'는 점을 고려했기 때문이다. 말이 쉬워 재활용이지, 재활용이 가능한 로켓을 개발하려면 상당히 어렵고 창의적인 기술이 필요하다. 나중에 스페이스X의 엔지니어들은 이와 관련해 이렇게 푸념했다고 한다.

"재활용recycle을 염두에 두지 않고 로켓을 제작했다면, 우리는 2년은 빨리 로켓 발사에 성공했을 것이다."

아무튼 머스크의 계획대로 스페이스X에서는 재활용이 가능한 로켓 제작에 성공했다. 스페이스X에서 제작한 시험용 1단계 로켓의 이름은 그래스호퍼grasshopper, 즉 우리말로 메뚜기다. 메뚜기처럼 위로 툭 튀어 올랐다가 사뿐히 지상으로 내려앉는 이미지를 로켓 이름에 입힌 것이다.

일반적으로 로켓은 2단 발사체와 분리된 후 추진력을 잃고 지상으로 추락한다. 하지만 그래스호퍼는 그 이름에 걸맞게 수직으로 이륙했다가 수직으로 착륙한다. 이 기능은 특히 지구 이외의 다른 행성에 착륙했다가 다시 그대로 이륙하는 데 매우 유용하게 사용될 수 있다.

그래스호퍼는 2013년 8월에 업그레이드된 모습을 드러냈다. 그래스호퍼는 공중으로 350m를 뛰어 올랐다. 350m라면 맨해튼에 있는 크라이슬러 빌딩보다 높다. 공중으로 뛰어오른 그래스호퍼는 아주 짧은 순간이지만 몇 초 동안 공중에 머물렀다. 항공우주 공학에서 말하는 호버링hovering이라고 하는 일종의 '공중 정지' 개념이다. 헬리콥터가 줄을 타고 지상으로 내려오는 특수부대원을 위해 잠시 공중에서 머무는 장면을 연상하면 된다. 호버링을 거친 그래스호퍼는 다시 수직으로 착륙했

● 스페이스X의 시험용 재활용 로켓, 그래스호퍼(Grasshopper)

"재활용(recycle)을 염두에 두지 않고 로켓을 제작했다면,
우리는 2년은 빨리 로켓 발사에 성공했을 것이다."
로켓의 재활용은 누구도 생각하지 못했다.
머스크의 상상은 일반적인 생각의 틀에서
벗어나 있었는지도 모른다.

다. 이것만으로도 대단한데, 그래스호퍼는 호버링을 거쳐 수직으로 착륙하기 전에 놀랄만한 비행을 보여주었다. 수직으로 치솟은 몸체를 수평으로 눕히더니 그 자세 그대로 100m를 옆으로 이동한 것이다. 그리고 다시 수직으로 방향을 바꾸어 제자리로 돌아왔다.

'NASA가 로켓의 재활용을 감안하지 않고 팰컨 9을 만든다면 비용이 얼마나 들까?' 실제로 NASA 자체적으로 이것을 계산해 본 적이 있다. 이를 위해 NASA에서는 과거 130회에 이르는 우주비행 기록이 담긴 데이터베이스를 기초로 비용 산출 툴을 가동시켰다. 그 데이터베이스에는 수많은 부품, 각종 제조방법, 첨단기술의 분류항목이 빼곡히 들어 있었다. 이처럼 NASA에서는 자신들이 과거에 해왔던 방식을 기준으로 팰컨 9의 제작비용을 계산한 결과 40억 달러라는 답을 산출해냈다.

NASA에서 이번에는 자신들의 방식이 아닌 민간기업의 입장이라는 가정 아래 제조비용을 다시 산출해 보았다. 상당히 많이 줄기는 했지만, 이번에도 17억 달러가 들어간다는 계산이 나왔다.

스페이스X의 엔지니어들이 팰컨 1을 제작하는 데에는 9,000만 달러, 팰컨 9을 제작하는 데에는 3억 달러가 들었다. 두 비용을 합쳐도 NASA가 '민간기업 입장'에서 계산한 17억 달러를 한참 밑돈다.

스페이스X는 어떻게 로켓 비용을 획기적으로 줄일 수 있었을까? 그 해답은 로켓 설계의 원점에 있다.

- 설계를 표준화한다.
- 부품을 함께 쓴다.
- 똑같은 생산설비를 사용한다.

- 제품을 시리즈화한다.

사실 이것은 일반 제조기업 입장에서는 지극히 상식적인 방식이다. 하지만 그때까지의 로켓 제조과정에서는 이러한 발상조차 없었다. 스페이스X의 엔지니어들은 팰컨 1과 팰컨 9에 똑같은 연료와 산화제를 사용하고, 엔진도 똑같이 머린 엔진을 사용한다.

앞서 언급한 보잉과 록히드가 합병출자해서 만든 기업 ULA에서 개발한 로켓인 '아틀라스V'는 보조 로켓을 포함해 세 가지 종류의 엔진을 사용한다. 엔진의 제조사도 각각 다르다. 물론 로켓의 성능은 최고이다. 하지만 가격도 최고이다. 아틀라스V의 제작비용은 팰컨 9보다 6배나 더 들었고, 발사비용도 7배나 더 들었다. 더구나 ULA처럼 하부구조가 많은 기업은 로켓 설계 자체도 복잡해진다. 설계가 복잡해지면 당연히 기업 시스템도 복잡해진다. 이렇게 모든 것이 복잡해지면 결과적으로 안전성에도 문제가 생길 가능성이 크다.

03

두 눈으로 보니, 믿지 않을 수 없다

Elon Musk

● 테슬라의 밑바닥 난 자금에 숨통이 트이다

엘런 머스크는 스페이스X의 CEO 겸 CTO(최고기술책임자)이다. 그는 CTO라는 직위에 걸맞게 로켓 제작에 대해서라면 구석구석 꿰뚫고 있다. 테슬라에서도 그는 CEO 겸 생산디자인 총괄Head of product design이라는 직위를 가지고 있다.

어릴 적부터 자라온 환경을 보면 머스크는 학위형 지식이 아닌 독학형self-taught 지식에 능한 것으로 보인다. 영국의 일간지 〈텔레그래프The Telegraph〉에서는 그를 이렇게 평가하기도 했다.

'처음으로 발을 들여놓은 낯선 영역에서 로켓 발사가 3번이나 실패한다면 대부분의 기업가는 포기했을 것이다. 하지만 엘런 머스크는 '대부분의 기업가'가 아니었다.'

한편, 테슬라의 첫 전기 자동차인 로드스터가 탑 기어 같은 유명 프로그램에서 동네북처럼 비참하게 두드려 맞고 있을 때, 또 하나의 악재가 터졌다. 언론에서 다음과 같은 기사가 흘러나온 것이다.

'테슬라의 은행 잔고가 900만 달러밖에 남지 않았다.'

사실이었다. 당시 머스크는 스페이스X와 테슬라, 솔라시티를 차례로 설립한 후 숨 막히는 승부의 시간을 보내고 있었다. 상처를 입은 사자에게는 평소에 적수조차 되지 못하는 작은 몸집의 하이에나도 큰 위협이 된다.

"내가 책임지겠다."

머스크는 이번에도 직접 나섰다. 동양의 사고방식으로는 대단한 발언이 아닐 수도 있지만, 지역이 미국이라면 사정이 달라진다. 미국인들은 기업이 망해도 CEO가 대신 책임지겠다고 발언하지 않는다. 그들은 기업의 책임과 개인의 책임을 확연히 구분하는 민족이다. 그러다 보니 '책임지겠다'는 머스크의 발언이 미국인들에게는 충격에 가까운 감동을 준 듯했다. 그의 말을 진심으로 받아들였다. 그 이후 당분간 테슬라를 고의적으로 흔들어대는 언론은 거의 없었다.

마침내 익사 직전의 머스크에게 구명보트를 띄워주는 사람들이 하나 둘씩 나타나기 시작했다. 2009년 5월에 메르세데스 벤츠 등을 생산하는 유명 자동차기업인 독일의 다임러가 5,000만 달러를 테슬라에 투자했다. 그들은 '한 세대를 훌쩍 넘어 전기 자동차의 대중적인 가능성을 눈앞에 보여주였기 때문에'라고 투자이유를 밝혔다. 하지만 감동만으로 동종업계 기업에 투자하는 기업은 없다. 다임러의 투자배경에는 테슬라의 전기 자동차 개발 노하우를 전수받고 싶은 마음이 자리 잡고 있었을 것이다.

그리고 한 달 후 오바마 정부에서도 테슬라에 힘을 실어주었다. 미국

에너지국DOE, Department of Energy에서 기업에 저금리로 대출해주는 계획을 밝혔는데, 그 중 80억 달러를 자동차기업에 할당하기로 했다. 덕분에 테슬라도 4억 6,500만 달러를 대출받았다. 숨통이 트인 것이다. 참고로 당시 포드자동차는 59억 달러, 닛산은 14억 달러를 대출받았다. 테슬라는 그 돈을 거의 모델 S의 개발비로 충당했다.

나중에 테슬라는 이 대출금을 9년이나 앞당겨 모두 상환했다. 기자들이 그 이유를 묻자 머스크는 이렇게 대답했다.

"국민의 세금은 가능한 빨리 돌려주어야 한다고 생각했다."

반면에 59억 달러를 대출받은 포드자동차는 대출 상환에 뭉그적거리는 태도를 보임으로써 약간의 빈축을 사기도 했다. 이러한 업계의 문화를 두고 머스크는 이렇게 말하기도 했다.

"전통적인 자동차업계에서는 21세기에 최적화된 자동차가 나올 수 없다."

다소 과격한 발언이지만 충분히 이해가 가는 대목이다.

그 후에도 테슬라에 구명보트를 대겠다는 줄은 계속 이어졌다. 이번에는 일본 굴지의 자동차기업인 토요타가 나섰다.

'전광석화 같았다!'

테슬라와 토요타의 합작 프로젝트가 발표된 순간, 한 일본 언론에서는 이렇게 놀라움을 표현했다. 너무 전격적으로 이루어진 일인 데에다, 당시 토요타에서 하이브리드 자동차에 전력을 쏟는 한편 전기 자동차 개발에도 의욕을 보이고 있을 때였기 때문에 더욱 의아해할 수밖에 없었다. 하지만 그 합작 건은 다음과 같이 토요타 입장에서의 명분과 캘리포니아 주의 속사정이 동시에 반영된 결과였다.

① 대규모 리콜사태에 대한 수습책
② 빼앗긴 북미시장의 회복
③ 캘리포니아 주의 대량실업 문제

②와 ③은 겹치는 의미가 있다. 하나씩 차례로 설명하겠다.

당시 북미시장에서 순조롭게 판매되던 토요타의 렉서스와 캠리가 운전 중 갑자기 속도가 치솟는 사고가 자주 발생했다. 미국 내 언론에서는 자동차의 자체 결함 아니냐는 의혹을 쏟아냈고, 소비자들은 집단 소송을 걸었다. 그 결과 유명한 토요타의 대규모 리콜사태가 터졌다. 토요타 입장에서는 이로 인한 부정적인 여론을 수습하고, 북미시장을 회복하기 위한 일환으로 테슬라와의 합작을 결심한 것으로 보인다.

한편, 테슬라 본사에서 열린 테슬라와 토요타의 합작 조인식 현장에는 당시 캘리포니아 주지사였던 아놀드 슈왈츠제네거Arnold Schwarzenegger도 참석해 활짝 웃고 있었다. 테슬라는 폐쇄되었던 누미NUMMI 공장의 일부를 4,200만 달러에 사들였고, 그곳에서 모델 S를 생산하겠다고 기자들 앞에서 발표했다. 캘리포니아 주에 3,000명의 일자리가 창출되는 순간이었다. 슈왈츠제네거 주지사가 활짝 웃지 않고는 배길 수 없는 이유였다. 캘리포니아 주에 있는 누미는 GM과 토요타가 합작한 기업이었다. 하지만 불경기로 인해 설립한 지 얼마 안 된 2009년에 파탄이 나서 결국 2010년에 누미 공장의 폐쇄를 결정했다. 그로 인해 하루아침에 4,000명이 실직자 신세가 되었다.

테슬라와의 조인식 현장에서 토요타는 5,000만 달러를 테슬라에 투자한다고 밝혔다. 머스크는 '역사적인 날'이라고 자신의 심정을 기쁘게

● 테슬라의 프레몬트 공장이 세워진 누미 공장의 전경

'전광석화 같았다!'
테슬라와의 합작 투자를 선언한 거대 자동차기업 토요타.
토요타의 아키오 사장은 이날의 일을 두고
'미래의 바람이 불고 있다'며 부푼 기대를 감추지 않았다.

표현했고, 토요타의 사장인 토요타 아키오는 '미래의 바람이 불고 있다'며 부푼 기대를 감추지 않았다. 참고로 토요타의 11대 사장인 토요타 아키오는 1956년생으로, 창업자인 토요타 키이치로의 손자이다. 그는 평사원으로 입사해서 차근차근 경력을 쌓은 후 2009년에 사장으로 취임했다.

토요타와의 합작 투자에 이어 테슬라에 리튬 이온 배터리를 공급하고 있는 파나소닉도 3,000만 달러를 투자하겠다고 발표했다. 머스크는 일본에서 처음 테슬라의 모델 S가 판매되었던 2014년 9월, 한 일본 언론과의 인터뷰를 통해 파나소닉을 파트너로 선택한 이유를 처음으로 밝혔다. 파나소닉은 최첨단 수준의 테크놀로지를 갖추고 있었고, 무엇보다 테슬라와 마찬가지로 전기 자동차시장을 진지하게 고려하고 있었으며, 그 의지가 명확했다는 것이 그 이유였다.

사실 파나소닉이 투자할 당시에 테슬라는 성공 여부도 불투명하고 많은 사람들이 실패를 예견하는 신생기업에 불과했다. 그럼에도 불구하고 파나소닉이 자사의 중요한 리소스를 나누어주었다는 점을 생각해보면, 테슬라의 성공을 믿고 지지했다는 것만은 분명해 보인다. 아무튼 나중에 머스크 자신도 솔직히 밝혔듯이, 당시 파나소닉의 지원이 없었다면 테슬라의 성공은 한참 뒤에야 세상에 알려졌을지도 모른다.

● 성공의 시너지가 성공으로 끝난다는 보장은 없다

자동차업계의 거물 토요타가 아마추어가 갓 설립한 기업과 합작을

했다는 사실 자체는 큰 뉴스거리가 될 만했다. 하지만 토요타와 테슬라의 합작은 처음부터 순탄하게 굴러가지는 않았다. 이와 관련해 〈블룸버그Bloomberg〉에서는 나중에 '테슬라와 토요타 사이에 문화적인 충돌이 있었다How Tesla-Toyota Project Led To Culture Clash By Opposites: Cars'는 제목의 기사를 내보내기도 했다.

로드스터를 타며 함께 드라이빙을 즐겼다는 머스크와 아키오의 따뜻한 관계 이면에는 누미 공장에 대한 합작 건 외에 또 다른 합작 건이 하나 걸려 있었다. 두 기업은 토요타가 출시한 'RAV 4'에 전기 자동차 기술을 탑재한 'RAV 4 EV'를 공동 개발·판매하기로 협약했다. 그런데 토요타는 그 협약을 체결한 후에 테슬라에서 제시한 RAV 4 EV의 설계에 큰 결점이 있음을 알게 되었다.

자동변속automatic 기어를 탑재한 자동차는 기어의 움직임을 강제적으로 멈추게 하는 일종의 '걸림장치'를 필수적으로 갖추고 있어야 한다. 가령, 자동차를 주차할 때 기어를 PParking에 놓으면 기어가 잠겨 차체가 움직이지 못하도록 하는 시스템도 여기에 속한다. 그런데 테슬라에서 토요타 측에 제시한 설계에는 이 기능이 빠져 있었다. 테슬라의 엔지니어들이 이 문제를 해결하기 위해 애썼지만 역부족이었다. 어쩔 수 없이 테슬라는 로드스터에 탑재된 전자식 장치를 사용하자는 대안을 제시했지만, 토요타는 이를 거부하고 기존의 시스템을 채용하기로 결정했다.

또한 토요타는 테슬라가 제안한 배터리 보호용 하부 패널 설계를 거부하고 오히려 차체의 강성을 강화함으로써 안전성 확보를 꾀하기도 했다.

한편, 〈블룸버그〉는 앞서 언급한 기사에서 두 기업의 결정적인 충돌

Crush은 '블랙박스'의 공개문제에 있었다고 쓰고 있다. 블랙박스는 차량 제어 통합 시스템을 말하는데, 두 기업 모두 이 시스템을 대외적으로 철저히 비밀로 하고 있었다.

테슬라의 전기 자동차는 가속페달accelerator에서 발을 떼면 회생 브레이크가 작동해 저절로 배터리 충전이 이루어지는데, 이때 아주 미세하게 차체가 흔들리는 느낌이 있다. 익숙해지면 신경 쓰이지 않을 정도였지만, 토요타는 이것을 개선해야 한다고 판단했다. 하지만 이를 위해서는 두 기업이 보유한 블랙박스, 즉 차량 제어 시스템을 공개해야 한다는 문제가 있었다. 당연히 양사 모두 핵심 기술의 유출을 우려해 부정적인 입장을 취했다. 당시 양사 관계자가 둘러댔던 변명이 '그게 블랙박스라서 공개하기가…'였다고 한다.

어쨌든 이러한 우여곡절 끝에 두 기업의 합작품인 RAV 4 EV가 출시되었다. 하지만 결과적으로 두 기업이 합의한 판매대수 2,600대에 훨씬 못 미치는 1,900대밖에 팔지 못했다. 토요타 측은 가격이 기존 RAV 4의 배에 달하는 5만 달러였고, 판매지역을 캘리포니아 주로 한정했기 때문이라고 변명했지만, 전기 자동차의 완성도가 당초 예상보다 떨어졌다고 보는 편이 맞을 것이다.

2010년에 합작 제휴를 시작해서 불과 2년 만에 출시된 것도 급작스러웠다. 일반적으로 새 모델의 자동차가 출시되기까지는 5~7년이 걸린다. 실제로 RAV 4 EV를 구입한 한 미국인 남성은 '악몽 같은 경험'이었다며 분통을 터뜨렸다. 모터가 고장 나서 부품이 도착하기를 기다렸다가 교환하는 데 무려 30일이 걸렸다는 것이다.

각기 성공을 거둔 2개의 기업이 제휴한다고 해서 그 결과가 성공으

● 테슬라와 토요타가 공동 개발한 전기 자동차, RAV 4 EV

'그게 블랙박스라서 공개하기가…'
성공의 시너지가 항상 성공으로 끝나지는 않는다.
업계의 거물과 손잡는 경우
예기치 못한 복잡한 문제에 직면하기도 한다.

로 이어진다는 보장은 없다. 〈블룸버그〉는 업계의 거물과 손을 잡는 경우에는 예기치 못한 여러 복잡한 문제에 직면할 우려가 얼마든지 있다는 글로 기사를 끝맺었다.

● 천천히 가면서 이익을 내겠다

2010년 6월, 머스크는 테슬라의 주식을 나스닥에 상장했다. 토요타와 파나소닉의 투자를 받은 지 불과 한 달 후였다. 창업 7년째인 테슬라의 공개주가는 17달러였지만, 그날 종가는 23.89달러로 마감되었다. 순식간에 테슬라에 2억 2,600만 달러의 자금이 들어온 셈이다.

어쩌면 테슬라의 주식 상장은 미국인들에게는 역사적인 의미가 있는지도 모른다. 1954년에 포드자동차가 주식을 상장한 후, 56년 만에 신규 자동차기업이 주식을 상장한 날이었기 때문이다. 덧붙이자면 1920년 이후 신규 자동차기업이 미국에서 살아남은 사례 역시 한 번도 없었다.

2014년 8월 현재, 테슬라는 2분기에만 매출 8억 5,800만 달러, 순이익 1,600만 달러를 기록했다. 또한 자산가치는 피아트, 크라이슬러보다 높은 250억 달러(약 25조 8,800억 원)나 된다. 하지만 테슬라가 앞으로도 계속 흑자 행진을 할 수 있을지는 여전히 미지수이다. 이에 대해 머스크는 이렇게 말하고 있다.

"사업을 확장하고 설비를 투자하면 좀체 흑자를 내기가 어렵다. (반대로) 그것을 조절하면 당연히 이익이 난다. 하지만 우리는 단기적인 이익보다는, 전기 자동차를 장기적인 안목으로 바라보고 생산을 극대화하는 것을 중요하게 생각한다. 천천히 가면서 이익을 내느냐, 아니면 서두르면서 빨리 이익을 내느냐는 선택의 문제다. 나는 전자를 선택했을 뿐이다."

테슬라의 주가는 여전히 오르고 있다. 따져보면 테슬라의 전기 자동차 생산대수에 비해 기이할 만큼 주가가 높다. 자산가치가 무려 GM이나 포드자동차의 절반이나 된다. 그 문제를 지적하는 사람도 여전히 많다. 실제로 2014년 8월에는 279.2달러였던 테슬라의 주가가 25.34달러(9.1%)나 떨어진 253.86달러에 마감되었다. 미국의 투자은행인 모건 스탠리morganstanley의 한 애널리스트가 '과체중overweight'이라며 테슬라의 주가 동향을 의심쩍은 시선으로 바라보았기 때문이다. 언론들 역시 테슬라의 주가가 큰 폭으로 떨어지자 '애널리스트가 테슬라의 성장을 부정적으로 바라보자 주가가 떨어졌다'는 기사를 내보냈다.

하지만 애널리스트의 분석처럼 테슬라가 자신들의 미래를 막연한 희망에 기대고 있는 것은 아니었다. 우리는 지금 머스크가 이루어낸 업적을 직접 '두 눈으로 보고seeing 있다.' 이제는 머스크가 황당무계한 공상에 사로잡히지 않았다는, 즉 지극히 현실적인 인물이라는 사실을 '믿지 않을 수believing 없다.' 그는 우리의 미래를 최소한 10년 이상 앞당겨주었다.

한편, 앞서 자사의 새로운 전기 자동차 모델(RAV 4 EV) 개발 건으로 테슬라에 실망감을 느꼈던 토요타 또한 테슬라가 승승장구할 때 씁쓸한 뒷맛만 느끼지는 않았다. 당시 테슬라에 투자한 5,000만 달러(당시 환율로 약 1,500억 원)의 지분이 무려 10배 가까이 뛰어올랐기 때문이다.

4장

가치 있는 상상,
비즈니스의 판을 바꾸다

01

창조는 아무나 할 수 없지만, 상상은 누구나 할 수 있다

Elon Musk

● 솔라시티를 설립하다

1장에서 잠깐 언급한 엘런 머스크의 사촌 린든 라이브는 어릴 때부터 사업감각이 출중했던 모양이다. 17세 때 건강식품 판매사업을 시작했는데, 장사가 잘되는 바람에 너무 바빠서 학교도 제대로 못 나갔다고 한다. 급기야 퇴학 위기에 처하기도 했지만 교장의 아량과 이해로 간신히 고등학교 졸업장은 손에 쥘 수 있었다.

라이브는 수중하키Underwater hockey가 특기였다. 수중하키는 말 그대로 물속에서 열리는 하키 경기다. 스노클에 물안경, 보호장갑을 끼고 발에는 오리발을 착용한 상태에서 손에 든 스틱으로 공처럼 퍽을 몰아 상대 팀의 골문에 넣는 경기다. 우리에게는 낯선 경기지만 수중하키를 즐기는 나라가 꽤 있다고 한다.

1998년, 라이브는 세계 수중하키 대회에 출전하기 위해 미국 캘리포니아에 왔다가 인생항로를 바꾸게 된다. 캘리포니아의 작렬하는 태양이 그의 마음을 사로잡았다. 결국 이를 계기로 고국 남아프리카공화국을 떠나 미국으로 건너온 그는 머스크와 함께 에버드림Everdream이라는 기업을 창업한다. 원격으로 컴퓨터 수리를 도와주는 기업용 소프트웨어를 만드는, 당시로서는 상당히 참신한 아이템을 가진 기업이었다.

테슬라가 설립된 해인 2004년 어느 날, 머스크와 라이브는 버닝맨 페스티벌에 참석하기 위해 함께 차를 타고 가고 있었다. '버닝맨Burning man 페스티벌'은 1986년부터 시작된 이벤트로, 매년 네바다 사막에서 8일 가량 열린다. 페스티벌이 열리는 곳에는 자동차, 휴대전화, 컴퓨터, 자판기, 전기시설, 편의시설 등이 전혀 없다. 처음 만난 사람끼리 공동생활을 하면서 조각, 그림, 퍼포먼스 등 자유로운 예술창작 활동을 펼친다. 버닝맨 페스티벌의 테마는 '어웨이크닝Awakening'이다. 자각이라는 의미인데, 문명의 기기들을 떠나 자신과 철저히 대면한다는 뜻 정도로 생각하면 될 것 같다. 1999년에는 구글의 창업자와 직원들이 이 페스티벌에 참석한 일로 유명세를 타기도 했다.

아무튼 그로부터 불과 몇 년 후 두 사람이 다시 힘을 합쳐 새로운 기업을 창업했다는 사실로 미루어 짐작해 보면, 아마 그 동행길에 머스크가 라이브에게 이런 제안을 하지 않았나 싶다.

"태양광 에너지를 이용한 기업을 차려 볼래? 나도 출자할게."

이렇게 의기투합한 두 사람은 2006년 7월 4일에 솔라시티SolarCity를 공동 창업한다. 공교롭게도 그날은 미국의 독립기념일이기도 하다. 그들이 일부러 그날을 택했는지는 알 수 없지만, 태양광 에너지를 기존 에너지들의 효율성을 능가하는 미래 에너지로 삼겠다는 독립적인 선언의 의미를 담기에는 적절한 날이었다.

● 에버드림 티셔츠를 입고 형(피터)과 함께 서있는 린든 라이브(왼쪽)

"태양광 에너지를 이용한 기업을 차려 볼래?"
에버드림의 매각으로 테슬라를 구해낸 린든 라이브.
그가 다시 한 번 머스크와 손을 잡고
솔라시티를 창업한 이유는 태양광 에너지를
미래의 핵심 에너지로 만들겠다는 열정 때문이었다.

● 커머디티, 쓸모 있는 것으로 쓸모 있는 것을 만든다

간혹 사람들은 엘런 머스크를 훌륭한 기업가, 위대한 발명가, 21세기에 가장 영향력 있는 인물, 스티브 잡스에 버금가는 천재로 묘사하곤 한다. 그렇다면 그를 그러한 위치에 올려놓은 가장 큰 원동력은 무엇일까? 이와 관련해 그가 연달아 창업한 스페이스X, 테슬라, 솔라시티의 발자취를 따라가 보면 이런 단어가 떠오른다.

'커머디티Commodity'

커머디티는 상품, 원자재라는 뜻 외에 '유용한 것'이라는 뜻도 있다. 유용하다는 것은 '여러 분야나 용도로 쓰인다'는 뜻으로, '범용성이 있다'라고 표현하기도 한다. 가령, 보잉기 같은 비행기에는 탄소섬유가 사용된다. 탄소섬유는 금속보다 가벼울 뿐 아니라 강도·탄도가 뛰어나고, 내연성·내충격성이 좋고 부식될 우려가 없다는 장점이 있다. 이러한 장점 덕분에 탄소섬유는 비행기 이외에도 여러 용도로 '유용하게' 쓰인다. 예를 들어 탄소섬유를 아파트의 필로티 기둥pilotis(건물 상층을 지탱하는 독립 기둥)에 마치 석고붕대를 감듯 칭칭 감아놓으면, 그 전에는 진도 5의 지진에도 쉽게 무너지던 건물이 진도 6의 지진에도 견뎌낼 만큼 강력한 내구성을 갖게 된다.

머스크는 테슬라를 설립할 때 이미 전기 자동차 개발에 '유용한 것'을 활용할 방안을 갖고 있었다. 바로 리튬 이온 배터리다. '새로운 배터리팩을 개발하는 대신 이미 널리 쓰이고 있는 리튬 이온 배터리를 전기 자동차에 응용하면 어떨까'라는 발상을 한 것이다. 이에 비해 전기 자동차를 만드는 대부분의 기업에서는 고용량 폴리머형 배터리를 채택하고

● 솔라시티의 태양광 패널을 설치한 주택

'태양광 패널의 무상 설치, 20년 장기 임대.'
머스크는 늘 세상에 있는 것들을
'다른 분야'에 적용함으로써
획기적인 결과물을 만들어냈다.

있다.

그는 스페이스X에서 로켓을 개발할 때에도 이와 비슷한 발상을 했다. 즉, 로켓 전문가라도 쉽게 떠올릴 수 없는, '1단계 로켓을 발사하는 데 비용이 많이 든다면 이것을 다시 '재활용'하면 되지 않을까?'라는 발상이다.

솔라시티에서도 마찬가지였다. 머스크가 솔라시티를 창업하기 전에도 이미 많은 기업들이 태양광 에너지를 가정이나 기업에 공급하거나, 공급하려는 계획을 가지고 있었다. 하지만 태양광 패널solar panel의 무상 설치와 20년 최장기 임대라는 개념을 도입한 기업은 솔라시티가 처음이었다.

리튬 이온 배터리, 재활용, 무상 설치, 최장기 임대는 이미 세상에서 보편적으로 '유용하다'고 평가된 것들이다. 즉, 커머디티에 해당한다. 이처럼 커머디티는 일상적·보편적으로 사용되기 때문에 가격도 싸고, 품질도 안정적이라는 장점이 있다. 머스크는 이 커머디티의 장점을 '다른 분야'에 적용함으로써 획기적인 결과물을 만들어냈다.

한 마디로 머스크는 상상력이 뛰어난 사람이다. 우리는 흔히 창조력을 가지라고 말하지만, 실은 창조에는 한계가 있다. 누구나 새로운 것을 창조하기는 어려운 노릇이다. 지구상에 창조력으로 똘똘 뭉친 사람은 기껏해야 한 줌에 불과할 것이다.

이렇듯 창조는 아무나 할 수 없지만, 상상은 누구나 할 수 있다. 누구나 창조하면서 살지는 않지만, 누구나 '상상'하면서 살고 있다. 머스크 역시 누군가 창조(발명, 개발)한 리튬 이온 배터리 같은 커머디티를 어떻게 활용할지를 '상상'했을 뿐이다.

그가 일상생활에서 끌어들인 커머디티는 그의 상상에 의해 또 다른 '커머디티'로 바뀌었다. 덕분에 우리는 가솔린을 쓰지 않고, 또한 지구 환경에 대한 미안함을 가지지 않고도, 그가 상상해서 이루어낸 커머디티를 마음껏 즐길 수 있는 기회를 갖게 되었다.

02

세상에서 가장 섹시한 차를 만들다

Elon Musk

● 달리는 스마트폰, 모델 S

"해로운 배기가스를 배출시키지 않고, 자연환경을 더 이상 파괴하지 않기 위해 가솔린 자동차가 아닌 전기 자동차를 보급하고 싶다."

2004년, 머스크가 테슬라를 설립하면서 밝힌 포부이다. 그의 나이 33세 때였다. 그 후 첫 번째 전기 자동차인 로드스터가 출시되었다. 하지만 로드스터는 어디까지나 소량생산되는 고가의 레이싱 자동차였기 때문에 머스크의 포부대로 가솔린 자동차를 대체하기에는 부족함이 있었다. 테슬라의 엔지니어들 역시 이점을 알고 있었기에 로드스터를 출시한 이후에도 손을 놓지 않았다. 그 결과 머스크가 공언한 대로 로드스터보다 성능이 훨씬 향상된 전기 자동차가 세상에 모습을 드러냈다. 바로 '모델 S'였다.

모델 S의 차 문에는 손잡이가 없는 것처럼 숨겨져 있다. 리모컨 키를 누르면 손잡이가 변신 로봇처럼 자동으로 돌출된다. 운전자가 운전석에 앉아 문을 닫으면 손잡이는 다시 제자리로 들어간다. 이처럼 차 문 손잡이를 안으로 수납한 이유는 차가 달릴 때 받는 공기저항을 줄이기 위해서이다. 과거 비행기 바퀴의 형태가 바뀐 이유도 이와 비슷하다. 초창기의 비행기는 바퀴가 밖으로 돌출된 상태로 하늘을 날았다. 그러다가 공기저항을 줄이기 위해 많은 사람들이 애쓴 결과, 지금처럼 이륙하면 바퀴가 동체 안에 수납되도록 변형되었다.

모델 S의 리모컨은 작은 마우스처럼 생겼는데, 옆으로 눕혀보면 영락없이 모델 S의 축소형이다. 이 리모컨의 앞부분을 누르면 앞 트렁크가 열리고, 뒷부분을 누르면 뒤 트렁크가 열린다.

모델 S에는 당연히 있어야 할 키를 꽂는 구멍이나, 손으로 눌러 작동하는 스타트 버튼이 없다. 대신 리모컨을 누르고 브레이크 페달에 발을 얹은 후, 기어를 D 혹은 R로 바꾸면 자동차가 움직이기 시작한다. '자동차에 오르면 당연히 시동이 걸려야 한다'는 머스크의 철학이 반영된 까닭이다.

모델 S의 운전석에 앉으면 중앙에 자리 잡고 있는 터치 스크린 패드에 금세 눈길이 간다. 일반적인 크기가 아니라 17인치의 대형 스크린이다. 어림잡아 아이패드 2개를 합쳐놓은 크기라고 생각하면 된다. 어떤 미국인은 이 패드를 '자이언트 터치Giant touch'라고 표현하기도 했다.

에어컨 조절, 선루프 개폐, 시트 조절을 비롯해 모델 S의 각종 기능이 이 스크린 패드 하나로 조정되고, 자동차 성능에 관한 모든 정보 역시 이 패드 안에 집약되어 있다. 마치 아이패드의 볼륨 버튼을 손으로 터치해서 위로 쭉 올리면 볼륨이 커지듯이, 그런 방식으로 이 패드를 조작하면 선루프의 개폐 각도 등을 부드럽게 조정할 수 있다. 이 패드

● 모델 S의 리모컨과 터치 스크린 패드

'모델 S는 달리는 스마트폰이다.'
'최첨단 기술을 탑재한 호화로운 자동차.'
모델 S에는 '자유'와 '욕망'이라는,
자동차에 대한 머스크의
철학이 고스란히 녹아들어 있다.

에는 사용자의 편의를 위해 USB 포트도 2개나 설치되어 있다. 후방 카메라의 화질도 HD급으로 비할 데 없이 선명하다. 일본의 경제 일간지 〈닛케이〉에서는 모델 S를 두고 '달리는 스마트폰'이라는 찬사를 내놓기도 했다.

모델 S의 스크린 패드에는 인터넷이 연결되어 있으며, 구글맵이 기본으로 장착되어 있다. 아마도 구글이 테슬라에 투자했기 때문일 것이다. 아직은 3G라서 인터넷 속도가 빠르지는 않지만, 실시간으로 업데이트된다는 강점을 갖고 있다. 조만간 LTE로 업그레이드된다고 하는데, 가격은 무료일 가능성이 높다고 한다.

이쯤 되면 모델 S를 단순히 전기 자동차라는 보통명사로 표현하기 미안한 마음마저 든다. 보통명사인 '패드Pad'를 '아이패드iPad'라는 고유명사로 만들어 세상에 널리 알린 스티브 잡스Steve Jobs가 만일 이 차의 이름을 짓는다면 'iCar' 정도로 하지 않았을까?

〈내셔널 지오그래픽National geographic〉은 모델 S가 전기 자동차의 이미지를 '최첨단 기술을 탑재한 호화로운 자동차'로 변신시켰다고 추켜세웠다. 모델 S는 한 마디로 '역시 소프트웨어 가이가 만든 작품답다'는 인상을 주기에 충분했다.

모델 S는 4도어 세단이다. 차량의 폭은 2,189mm, 높이는 1,435mm, 무게는 2,108kg이다. 차체가 무거운 이유는 7,000셀 이상의 배터리가 차지하는 543kg이라는 무게 때문이다. 다만 모델 S는 로드스터와는 달리 차체의 무게를 줄이기 위해 스페이스X의 로켓 설계기술을 응용했다.

모델 S의 가격은 차량에 기본으로 장착되어 있는 배터리팩 용량에 따라 다르다. 기본 배터리팩의 용량은 각각 40KW, 60KW, 85KW의 세 종류로 구성되어 있는데, 완충했을 시 각각 250km~480km까지 주행할 수 있다. 480km를 가는 데 드는 전기료가 우리 돈 1만 원 정도에 불과하다고 하니 연비라는 개념이 무색할 지경이다.

가장 용량이 큰 85KW 배터리팩을 장착한 모델은 제로백이 무려 4초대에 이른다. 가속페달을 밟는 순간 고성능 레이싱 자동차가 된다는 뜻이다. 보통 수준의 레이싱 자동차의 제로백이 6초대인 것을 감안하면 상당히 빠른 속도이다.

배터리팩은 차체 밑바닥에 장착되는데, 차량 방지턱 같은 장애물을 감안해 배터리팩 외관에 프로텍터를 장치해서 안전성을 높였다. 또한 차체 하부는 티타늄 실드로 마감했는데, 공개된 영상을 보면 차체 바닥에 깔린 콘크리트 덩어리가 산산조각이 날 만큼 내구성이 뛰어나다.

테슬라의 엔지니어들은 파워 트레인power train도 새롭게 개발했다. 파워 트레인은 엔진과 구동 바퀴 사이의 모든 기관을 일컫는데, 한 마디로 자동차의 핵심부에 해당한다.

가솔린 자동차는 실린더 같은 엔진부품만 해도 1만~3만 개가 들어간다. 이에 비해 모델 S에는 기껏해야 100개의 부품이 들어갈 뿐이다. 조금 과장되게 표현하면 배터리팩과 모터를 가져다 입맛에 맞게 디자인된 차체에 얹기만 하면 모델 S가 완성된다.

모델 S는 가솔린 자동차와 달리 배기관, 가솔린 연료탱크, 엔진 등이 없기 때문에 뒤 트렁크와 마찬가지로 앞 트렁크도 수납공간으로 되어 있다. 구조 상 당연한 것이지만 보는 사람에게는 신기할 따름이다. 테슬라에서는 이를 '프렁크(Frunk = front + trunk)'라고 부른다. 앞 트렁크에는 150L, 뒤 트렁크에는 뒷열 좌석을 접으면 1,645L까지 수납할 수 있다.

● 테슬라의 모델 S, 프렁크(앞 트렁크), 뒷좌석에 장착된 베이비 시트

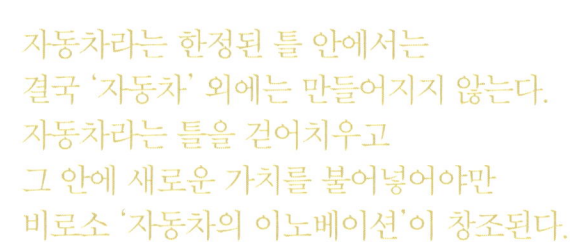

자동차라는 한정된 틀 안에서는
결국 '자동차' 외에는 만들어지지 않는다.
자동차라는 틀을 걷어치우고
그 안에 새로운 가치를 불어넣어야만
비로소 '자동차의 이노베이션'이 창조된다.

또한 뒷열 좌석을 접으면 베이비 시트도 장착할 수 있다.

다만 앞 트렁크에 엔진이 들어있지 않기 때문에 충돌 시 충격을 완화해주는 장치가 필요해진다. 이를 위해 모델 S에는 앞 트렁크 밑부분에 '크래시 존crash zone'이라는 충격 완화장치가 장착되어 있다.

머스크는 모델 S의 소음을 최소화하기 위해 각별한 주문을 했다. 한 언론은 '모델 S가 보행자 곁에 바싹 붙어도 모를 수 있다'며 칭찬인지 불안인지 모를 호들갑을 떨었다. 어떤 매체에서는 '마법의 양탄자를 깔아놓은 것처럼 너무 조용하다'고 표현하기도 했다. 그만큼 모델 S는 운행 시 침묵에 가까울 만큼 소음이 없다.

모델 S는 가정용 전압인 110V, 220V, 440V에 대응한다. 테슬라에서 밝힌 자료에 따르면, 가정에서 충전할 때 들어가는 전기요금은 1회에 약 5~7달러라고 한다. 가솔린 자동차에 비해 절감되는 비용이 상당하다는 느낌이 든다.

머스크는 모델 S의 출시와 동시에 대형 쇼핑몰 등에 '슈퍼차저 스테이션Supercharger station'을 속속 설치했다. 아직까지 모델 S는 충전하는 데 시간이 많이 걸린다. 가솔린 자동차에 급유하는 시간에 비하면 조바심이 날 수도 있는 시간이다. 머스크는 그러한 불만을 정면으로 받아들였다. 현재의 기술력으로는 한계가 있기는 하지만 최소한 가정에서 충전하는 시간보다는 훨씬 고속으로 충전할 장소가 필요하다고 생각했다. 그러한 발상으로 설치한 것이 바로 슈퍼차저 스테이션이다. 머스크는 모델 S의 고객이라면 언제든 그곳에서 무료로 충전할 수 있게 만들었다.

슈퍼차저 스테이션에서 충전하는 속도는 가정에서보다 5배는 빠르다. 또한 여기에 쓰는 전력은 태양광 에너지를 이용한다. 한마디로 슈퍼차저 스테이션은 범용성을 추구하는 머스크의 정신이 또 한 번 발휘된 결과물이라고 할 수 있다.

슈퍼차저 스테이션은 주로 쇼핑몰, 음식점, 상가 등이 밀집한 장소에 설치되어 있다. 수십 분의 충전시간을 기다리기에 알맞은 장소를 선택한 결과이다. 하지만 느긋하게 식사를 하거나 쇼핑을 하면서 충전이 되기를 기다리는 고객이 있는 반면에, 급히 시간에 쫓기는 고객도 있기 마련이다. 머스크는 이에 대한 해결책도 내놓았다. 바로 배터리팩을 통째로 교환하는 방식이다. 고객이 이 방식을 선택하는 경우, 비록 유료이기는 하지만 90초면 교환이 가능하다는 편리함을 얻을 수 있다. 가솔린 자동차의 급유시간보다 최소 2배 이상 빠른 셈이다.

모델 S는 가솔린 자동차에 비해 유지비가 거의 들지 않는다는 장점도 가지고 있다. 각종 오일이나 연료필터, 점화 플러그, 타이밍 벨트 등을 사용하지 않으므로, 당연히 이것들을 교환하는 비용이 전혀 들지 않기 때문이다.

한편, 앞에서 모델 S에 장착되는 배터리팩 용량에 따라 가격이 달라진다고 했는데, 이밖에 바퀴, 시트, 컬러 등 고객이 직접 선택할 수 있는 다양한 옵션에 따라서도 차량 가격이 달라진다.

머스크는 사람들이 자동차를 구입하는 이유를 '자유'라고 단언한 적이 있다. 언제 어디든 마음대로 떠나고 싶은 마음으로 자동차를 구입한다는 뜻이다. 그런데 전기 자동차의 충전시간이 오래 걸린다면 그 자유를 억압하는 불편함이 생긴다. 머스크 역시 이 사실을 잘 알고 있기 때문에, 이에 대한 대응책을 마련하고 있다.

일반적으로 3시간 운전 후 20~30분의 휴식을 취한다고 가정하면, 운전시간과 휴식시간의 비율은 6 : 1 정도가 된다. 머스크는 그 비율을 조금이라도 단축시킬 수 있다면 전기 자동차의 수요가 지금보다 증가할 것이라는 생각으로, 2013년에 미국 전역으로 슈퍼차저 스테이션을 확대 설치하겠다는 대형 프로젝트를 내놓았다. 그는 구체적으로 다음 두 권역을 합해 총 23곳의 슈퍼차저 스테이션을 세울 계획이다.

- 서해안 : 캘리포니아 주, 네바다 주
- 동해안 : 워싱턴 DC~보스턴까지

테슬라에서 새로 설치할 슈퍼차저 스테이션은 지금까지와 마찬가지로 충전시간을 고려해 주로 쇼핑센터, 레스토랑, 카페 등 상업시설이 인접한 곳에 위치할 예정이다. 물론 테슬라로서는 거액의 돈이 들겠지만, 머스크는 이 프로젝트가 완성되면 전기 자동차의 수요가 급증할 것이라고 예견했다.

한편, 다음과 같은 사실을 감안하면 앞으로 기존의 가솔린 주유소가 슈퍼차저 스테이션으로 바뀔 가능성도 있다는 생각이 든다. 2013년, 일본 정부는 '시행 개정 소방법'을 통해 40년 이상 된 연료용 지하탱크의 누수방지 개선을 의무화했다. 그러자 폐업을 신청하는 주유소가 급증하는 사회적 문제가 발생했다. 개정된 법에 맞춰 시설을 개선하려면 너무 많은 돈이 들기 때문이다.

만일 기존의 주유소가 슈퍼차저 스테이션으로 바뀐다면 사람들에게 새로운 사업거리를 얼마든지 제공할 수 있다. 게다가 탱크에 가솔린을

● 테슬라의 슈퍼차저 스테이션(Supercharger Station)

'모델 S의 고객이라면 언제든 이곳에서
무료로 충전할 수 있게 하겠다.'
무엇이든 한계는 있다.
하지만 머스크는 현실에서 부딪치는 한계를
역발상으로 극복해내는 '상상가'였다.

가득 실은 화물차가 먼 길을 달려 와 주유소 저장탱크에 가솔린을 채우는 방식은 전기 충전식이라는 시스템에 비하면 아무래도 구식이라는 느낌이 들기도 한다.

아직까지 우리나라에는 테슬라가 진출하지 않았다. 하지만 몇 년 사이에 분명히 들어올 것으로 예상된다. 그때는 어쩌면 현지화 전략에 따라 파나소닉이 아닌 삼성이나 LG의 리튬 이온 배터리를 사용할지도 모른다.

무엇이든 최초의 흐름은 가느다란 물줄기에서 시작된다. 그러다가 점차 힘을 얻고 물을 더하면서 커다란 물길이 되어 종횡무진으로 힘차게 뻗어 내린다. 그러면 수수방관하던 많은 사람들이 그제야 그 물길에 뗏목을 띄워 보내려고 애쓴다. 이노베이션이 세상의 판을 뒤바꾸는 순간이 찾아오는 것이다. 미미하게 시작된 머스크의 이노베이션은 이미 강물이 되어 바다로 흘러들어갈 태세를 갖추고 있다.

● **리콜이란 표현은 리콜되어야 한다**

"섹시한 제품을 만들어, 그것으로 세상을 구한다. 이보다 쿨한 것은 없다."

"기업의 경영자가 나에게 조언을 구한다면 이렇게 말하겠다. 제품의 곁을 떠나지 말고, 가능한 좋고 훌륭하게 개선될 때까지 끊임없이 현장에서 매달릴 것!"

"훌륭한 제품을 만들지도 않으면서 훌륭한 기업으로 키우겠다고 큰

소리치는 사람들이 의외로 많다는 데 놀랄 때가 있다. 경영자의 중요한 자질은 탁월한 제품과 서비스 창출에 집중하는 것이다."

모두 머스크가 한 말이다. 그의 말대로 모델 S는 확실히 훌륭하면서, 탁월하고, 섹시한 제품이다.

하지만 세상을 단번에 변화시키는 데에는 고통이 따른다. 여기저기서 할퀴어대기 때문이다. 모델 S가 출시된 후, 모델 S가 자주 화재를 일으킨다는 언론의 악평이 잇달았다. 또한 테슬라의 프레몬트 공장에서 화재가 발생해 종업원 3명이 부상을 입었다는 기사가 흘러나오기도 했다. 상황이 이렇게 흐르자, 테슬라가 토요타처럼 리콜사태에 휘말릴 수도 있다는 여론이 슬슬 조성되기 시작했다. 급기야 미국 운수청의 도로교통안전국NHTSA에서 모델 S의 안전성에 대해 전면적인 조사를 실시하겠다고 나섰다.

테슬라는 대기업이 아니다. 유일하게 전기 자동차만 생산하는 작은 자동차기업에 불과하다. 게다가 대중적인 전기 자동차를 대량으로 생산하기까지는 아직도 몇 년을 더 기다려야 할지 모른다.

토요타는 주행 중 갑자기 자동차의 속도가 치솟는 사건 때문에 집단소송을 당해 결국 대규모 리콜사태를 맞았다. 당시 토요타는 고객들에게 사죄하며 미국 정부의 판단에 맡기겠다고 뒤로 물러섰다. 하지만 이러한 대처는 토요타가 대기업이기 때문에 가능했다. 그동안 쌓아놓은 토요타의 성벽은 웬만한 공격에 쉽게 무너지지 않을 뿐 아니라, 상황이 불리하면 방어에 치중할 여유도 부릴 수 있다. 이에 반해 테슬라처럼 소규모 자동차기업은 미국 정부의 판단이 내려지기도 전에 무너지고 만다. 그렇게 오래 버틸 힘이 없기 때문이다.

이러한 현실을 잘 알고 있는 머스크는 즉각 반격에 나섰다. 그는 도로교통안전국을 상대로 다음과 같은 세 가지 사항을 주장했다.

① 모델 S는 도로교통안전국의 충돌시험에서 만점인 5점을 획득했다. 그런데 지금 도로교통안전국에서 모델 S의 안전성을 조사한다고 한다. 그렇다면 모델 S에게 5점 만점을 준 기준은 무엇인지 상세히 밝혀라.

미국 도로교통안전국을 향해 안전성 테스트의 채점기준을 확인해달라고 공개적으로 요구한 것이다.

② 도로교통안전국에서 조사한 결과 모델 S 안전성에 문제가 발견된다면 그 문제를 정확히 제시하라. 그러면 즉시 개선하겠다.

이와 관련해 나중에 모델 S의 안전성 조사에 참여한 도로교통안전국의 한 직원은 CNBC와의 인터뷰에서 테슬라가 조사에 아주 협조적이었다고 밝혔다.

③ 그래도 불안해 하는 고객을 위한 조치로 테슬라에서는 화재사고에 대한 보장제도를 확장 실시하겠다.

①과 ②의 내용을 보면 머스크는 모델 S의 안전성에 대해 자신이 있었던 것 같다. ③의 내용은 여론의 급한 불길을 잠재우려는 대책으로

보인다. 앞서 말했듯이 대기업과 달리 소규모 기업은 현실에 변화무쌍하게 대응해야 살아남을 수 있다.

머스크는 한 번의 발표로 끝내지 않고, 지속적으로 언론을 활용하는 기동력을 발휘했다.

"지금까지 가솔린 자동차는 미국에서만 25만 대가 화재를 일으켜 400명이 사망하고 1,200명이 중경상을 입었다. 모델 S는 2012년에 출시된 전기 자동차이다. 출시된 지 얼마 되지도 않았다. 화재의 상황을 면밀히 살펴보면, 모델 S는 꽤 빠른 속도로 충돌했음에도 불구하고 사망자나 부상자가 나오지 않았다. 그런데도 어이없게 가솔린 자동차에 비해 불명예스럽게 언론을 장식하고 있다. 하지만 통계적으로 가솔린 자동차의 화재 발생률이 4~5배나 높다."

머스크는 이 말에 이어 다음과 같이 반문했다.

"과연 어느 쪽이 안전한지 눈에 보이지 않습니까?"

그리고는 대중적으로 잘 알려진 유명한 말로 끝맺음을 한다.

"'리콜'이란 표현은 리콜되어야 한다 The word 'recall' needs to be recalled."

그렇다면 머스크는 리콜 대신 어떤 표현을 썼을까? 그가 소프트웨어가이라는 점을 떠올리면 어렵지 않게 유추할 수 있다. 그는 '업그레이드'라는 표현을 썼다. 그의 표현처럼 모델 S에 결함이 있다면 테슬라는 리콜할 필요가 없다. 소프트웨어처럼 업그레이드로 해결할 수 있기 때문이다.

자동차는 완전한 상품이 아니다. 전기 자동차라도 예외는 아니다. 고장이 생기고, 결함이 발견되고 문제점이 눈에 띈다. 하지만 실제로 모델 S에 그런 문제가 생기면 대부분 테슬라의 '업그레이드'로 해결된다.

한편, 원인이 명확하지 않은 차량 화재사고에도 불구하고 오히려 모델 S의 판매량이 늘어나는 기이한 현상이 이어졌다. 차량 화재를 당한 한 고객은 테슬라의 스마트 패드가 정확한 지시를 내려주어서 털 끝 하나 다치지 않았다고 언론에 제보하기도 했다. 실제로 모델 S는 냉각 시스템뿐만 아니라 충돌이나 화재가 발생했을 때 1,000분의 1초 내에 배터리 연결이 분리되는 시스템을 갖추고 있다. 모델 S는 2013년에 미국 소비자협회에서 발간하는 정평 있는 월간지인 〈컨슈머 리포트Consumer Reports〉에서 발표한 고객만족도 조사에서 만점에 가까운 99점을 받기도 했다. 모델 S가 잘 팔리면서 '가장 섹시한 자동차'라는 칭호를 준 언론도 있었다.

또한 〈USA 투데이〉에서는 우편번호zip code를 통해 미국에서 가장 잘 사는 지역 25곳을 선정해 조사한 결과, 모델 S가 그중 8곳에서 가장 잘 팔리는 차로 꼽혔다고 보도하기도 했다. '가장 섹시한 차'는 '가장 갖고 싶은 차'라는 뜻일 것이다. 부자들이 가장 갖고 싶어 하는 차는 당연히 보통사람들도 흥미를 가지게 마련이다.

한편, 무려 25%라는 업계 최고 수준의 마진율을 생각하면 테슬라 입장에서도 모델 S가 매우 섹시한 차로 생각될 것이다.

03

독점되는 시스템과 권력은 바꿔야 한다

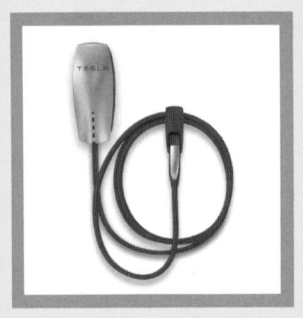

Elon Musk

● 개인이 전기를 소유하는 시대를 열다

이처럼 테슬라의 모델 S가 여러 가지 일로 부침을 겪고 있을 때, 다른 한쪽에서는 본격적인 출항을 알리는 뱃고동이 울렸다. 솔라시티가 마침내 주식시장에 상장된 것이다. 창업 6년 만이었다.

솔라시티의 홈페이지에 들어가면 첫 화면에 이런 문구가 나온다.

'태양광 에너지가 비싸다고 생각하나요Think solar power is expensive?'

'태양광 패널은 무료입니다. 매월 지금보다 적은 전기료만 낼 뿐입니다Pay for power, not panels.'

'지금까지 (전기, 가스, 수도료를) 지불하듯이 그대로 하면 됩니다Just like your utility bill.'

솔라시티는 이러한 문구를 포함해 자사의 홈페이지만 보아도 누구든 솔라시티가 무엇을 어떻게 하는 기업인지를 쉽게 이해할 수 있도록 설명해놓았다.

머스크는 테드TED에서의 프레젠테이션에서 사회자와 솔라시티의 사업 아이디어에 대해 다양한 이야기를 나누기도 했다. 참고로 미국의 비영리재단인 TED는 'Technology, Entertainment, Design'의 약자로 통상적으로 '테드'라고 부른다. 세계 각 분야에서 활약하는 저명인사들이 나와 자신의 포부나 이상을 밝히는 자리로 유명하며, 노벨상 수상자들과 미국의 전 부통령인 앨 고어 등이 출연하기도 했다. 테드는 보통 미국의 롱비치에서 개최되는데, 간혹 유럽이나 아시아 지역에서 열리기도 한다. 테드가 지향하는 테마는 'IDEAS worth spreading'이다. '널리 퍼져야 할 아이디어'라는 뜻이다. 이제 테드에서 한 머스크의 이야기를 들어보자.

사회자 : (솔라시티가 제공하는 서비스가) 초기 비용이 안 든다니, 고객에게는 매력적이군요.

머스크 : 예, 초기 비용 제로입니다.

사회자 : 초기 비용이 제로라…. 고객은 자신의 주택 지붕에 무료로 태양광 패널solar panel을 설치한 후 조금씩 임대료를 지불하는 방식이네요. 그러면 임대기간은 몇 년인가요?

머스크 : 일반적으로 20년입니다. 초기 설치비용이 전혀 없고, 전기료 부담도 훨씬 줄어듭니다. 매력적이지 않습니까?

사회자 : 고객 입장에서는 좋게만 들리는군요. 특별한 위험도 없고, 지금 내고 있는 전기료보다 저렴하고…. 그럼 거꾸로 물어보지요. 솔라시티는 어떻게 자금을 운용하나요?

머스크 : 기본적인 운영자금은 기업과 은행에서 조달합니다. 구글이

중요한 파트너 중 하나이지요. 솔라시티는 투자받은 돈으로 태양광 패널을 제작해서 고객에게 공급합니다.

구글은 솔라시티에 2억 8,000만 달러를 투자했다. 이는 미국 역사상 주택용 태양광 에너지 사업에 투자한 최대 금액이었다. 구글은 과거 수년 간 풍력, 고온암체 등 전력기업 규모의 에너지를 지속적으로 생산할 수 있는 분야에 투자해오고 있다. 참고로 고온암체volcanic power는 화산대 지하의 마그마 근처에 있는 고온암체에 시추한 후, 바깥에서 그 안에 물을 주입하면 물이 뜨겁게 가열되면서 증기를 발생시키는 방식으로 에너지를 얻는 방법이다. 구글은 솔라시티에 투자하면서 '양심적인 투자'라는 이색적인 표현을 썼다. 이는 구글이라는 기업의 서비스를 이용하는 데에만 해도 전 세계적으로 엄청난 전력을 소비하기 때문일 것이다.

사회자 : 아무튼 당신도 장기적으로는 이익을 얻게 되겠군요.(초기 투자 비용은 기업과 은행에서 조달하지만, 솔라시티의 이용고객이 늘면 그 임대료로 이익을 창출한다는 뜻이다.) 생각해 보니 솔라시티는 기존과는 다른 전력 네트워크를 만들고 있는 셈이네요.

머스크 : 그렇습니다. 거대한 전력 네트워크가 생기는 것이지요. 아주 바람직하다고 생각합니다. 지금까지 전력은 독점되어 왔습니다. 우리가 이러한 시스템을 바꿔야 합니다. 우리가 전기를 선택할 수 있어야 합니다. 지금이야말로 독점 시스템에 경쟁을 불러일으킬 기회입니다. 우리 모두의 지붕 위에 전력 네트워

크가 생깁니다. 그렇게 되면 정부가 독점하는 전력 시스템에 대한 가정과 기업의 대항력이 지금보다 훨씬 세집니다.

실제로 현재 미국에서는 전력을 기업이나 개인이 사고 팔 수 있는 시스템이 조금씩 진전되고 있다. 가령, 모델 S를 충전하는 슈퍼차저 스테이션도 태양광 에너지를 작동시키기 위해 전기업체에서 전력을 끌어다 쓰는데, 사용하다가 남으면 얼마든지 다른 곳에 팔 수도 있다. 위의 대화에서 머스크가 말한 전력 네트워크는 사용자의 자유 의지가 충분히 반영된 인터넷 공간 같은 개념을 의미한다. 즉, 개인이 전력을 마음대로 고를 수 있는 시대를 가리킨다.

사회자: 미국의 전력 공급 시스템이 앞으로 10~20년이면 태양광 에너지로 바뀐다는 뜻인가요?
머스크: 적어도 태양광 에너지가 주요 전력 공급원이 된다는 사실에는 확신이 있습니다. 아마 대부분 그렇게 될 겁니다.
사회자: '주요'라는 의미가…?
머스크: 다른 전력 공급원보다는 태양광 에너지가 많아진다는 뜻입니다.

위의 대화에서도 언급되었듯이, 솔라시티는 창업할 때부터 기존의 태양광 에너지 공급업체와는 달리 태양광 패널을 무료로 설치해주고, 20년 간 장기 임대해주는 차별된 전략을 취했다. 물론 태양광 패널을 설치하는 비용이 무료라고 전기요금까지 무료는 아니지만, 고객 입장에서는 기존보다는 훨씬 저렴하게 전기를 이용할 수 있다는 장점이 생긴다.

특히 태양광 패널에 대한 기업들의 잠재적인 수요가 클 것으로 예상된다. 이를테면 지구온난화 현상으로 세계 각 지역에서는 이상기후 현상을 겪고 있다. 멀쩡한 여름 하늘에서 눈이 내리고, 잔잔한 들판에서 허리케인이 몰아친다. 갑작스런 집중폭우로 시가지가 순식간에 물에 잠기기도 한다. 미국도 예외는 아니다. 특히 허리케인이나 눈사태 등으로 정전이 되면 기업들이 입는 손해가 막대했다. 그래서 이제까지 정부에서 공급하는 전력에 전적으로 의존하던 기업들이 새로운 전력 공급원을 확보하지 않으면 비상사태에 대처할 수 없다는 사실을 깨닫기 시작했다.

태양광 에너지는 태양광을 모았다가 전기 대신 사용한다. 그러려면 태양광을 모아두는 일종의 축전지 장치가 필요하다. 기존의 태양광 에너지 공급업체들은 축전지 장치를 자체 제작했다. 하지만 가격이 너무 비싸서 구매하려는 고객이 거의 없었다. 솔라시티는 장기 임대라는 조건에 축전지 장치를 무료로 공급하고 있다. 또한 솔라시티는 이러한 축전지 장치를 자체적으로 제작하는 번거로움을 피하고 테슬라 자동차의 배터리팩을 응용해 사용하고 있다.

축전지 장치를 별도로 설치하는 이유는 안전과도 밀접한 관련이 있다. 앞서 말했듯이 기존의 태양광 에너지 공급업체들은 자체적으로 개발한 축전지 장치가 너무 비싸서 고객들이 꺼리자, 태양광 패널을 직접 송전선에 연결하는 방식을 취할 수밖에 없었다. 그런데 송전선은 의도적으로 차단하지 않는 이상 언제든 미세하게나마 전류가 흐를 가능성이 있다. 즉, 항상 감전의 위험성에 노출되어 있는 셈이다. 하지만 솔라시티처럼 축전지 장치를 별도로 설치하면 축전지를 통해 전기가 공급되기 때문에 감전의 위험성이 사라진다.

● 누가 전기 자동차를 죽였을까?

머스크는 "인류가 발전하려면 먼저 지구의 구조를 이해해야 한다"는 말을 한 적이 있다. 그가 스페이스X를 시작으로, 테슬라와 솔라시티를 연이어 창업한 까닭도, 사람들에게 이 말의 의미를 행동으로 이해시키기 위해서였다.

"나는 개인적으로 돈을 거의 쓰지 않는다. 옷도 보통 청바지에 티셔츠를 입는다. 가족 여행 등을 제외하면 휴가도 거의 없다."

이 말처럼 그는 실제로 주 100시간을 일하는 부지런한 경영자이다. 그는 경영자의 조건을 다음과 같이 정의하기도 했다.

'밝은 미래가 온다고 사람들을 믿게 만드는, 그런 일을 만들어내는 것.'

하지만 여전히 그가 행동으로 보여주고 있는 지구의 구조를 이해하지 못하는 사람들이 많다. 물론 쉬운 일은 아닐 것이다. 게다가 권력을 쥔 사람들은 자신들이 만들어놓은 시스템을 뒤흔드는 신참자를 쉽게 받아들이지 못한다. 여기에 언론도 한 몫을 한다. 특히 언론은 위기를 조작해야 이목을 끌 수 있다는 사실을 누구보다 잘 알고 있다. 가령, 주가가 급상승했다는 기사보다는 주가가 대폭락했다는 기사가 더 많이 읽힌다. 테슬라에게도 이러한 현실이 어김없이 적용되었다.

〈뉴욕타임즈〉는 테슬라의 모델 S를 폄하하는 기사를 실은 적이 있다. 또한 알래스카 주지사를 역임했고 공화당 부대통령 후보로도 추대되었던 여성 정치인 사라 팰린Sarah Palin은 테슬라를 두고 '루저Loser(실패자)'라는 파렴치한 표현을 쓰기도 했다. 머스크는 즉각 자신의 트위터에 '그 말에 깊은 상처를 받았다'며 유감스러운 심정을 드러냈다.

〈뉴욕타임즈〉는 나중에 자신들의 기사에 오류가 있었다며 한 발 물러서기는 했지만, 팰린의 발언처럼 공화당을 비롯한 미국의 보수집단이 테슬라를 공격한다는 점을 미루어 생각해 보면 단순한 기자의 실수로 보기에는 어려운 측면이 있다.

'눈에 보이지 않는 어떤 음모가 있지는 않을까?'

이렇게 생각해 볼 수도 있다. 언론은 대기업들의 광고나 협찬이 없으면 살아남기 어렵다. 이 말을 뒤집어보면 대기업은 언론에 영향력을 행사할 수 있는 권력을 쥐고 있다는 뜻이 된다. 그러한 권력자들은 누군가 자신들이 앉은 권력의 의자를 넘보려고 할 때 주저 없이 그 영향력을 행사한다. 냉정하고 야비하지만 이것이 현실이다. 그렇다면 테슬라를 짓밟으려는 실체가 있다면 과연 누구일까?

이에 대해서는 크리스 페인Chris Paine이 시나리오를 쓰고 감독까지 맡은 〈누가 전기 자동차를 죽였나Who killed the electric car?〉라는 영화가 단서가 될 수 있다. 이 영화는 이런 내레이션과 함께 시작된다.

"1996년, 전기 자동차는 캘리포니아 각 지역에 그 모습을 드러냈다. 빠르고 조용하며 불필요한 경비가 들지 않는다. 당연히 가솔린을 넣지 않는다. 10년 후, 이 환상적인futuristic 전기 자동차는 흔적도 없이 사라

● 영화 〈누가 전기 자동차를 죽였나?〉 포스터

졌다."

　영화에서 말하는 환상적인 전기 자동차는 다름 아닌 GM에서 제작한 'EV-1'이다. EV-1은 1회 충전으로 80km를 달릴 수 있었고, 차량가격은 3만 3,000달러였다. 지금 기준으로는 가격도 비싸고 주행거리도 짧다고 생각할 수 있지만 당시로서는 꽤 혁신적인 전기 자동차였다.

　GM은 1998년에 EV-1보다 업그레이드된 전기 자동차를 출시했다. 1회 충전에 200km의 주행이 가능하고 제로백도 8초대로 상당히 빨랐다. 가격을 부담스러워하는 고객을 위해 GM은 전량을 리스로 대체했다. 매달 299~574달러만 부담하면 되었다. 고객들의 반응도 좋았다.

　그런데 GM이 전기 자동차를 출시할 수밖에 없었던 배경이 따로 있었다. 당시 캘리포니아 주에서 무공해 차량Zero Emission Vehicle 의무판매법안(일명 ZEV법)을 실시함에 따라, 자동차기업들에게 무공해 자동차를 일정 비율 이상 판매할 의무가 부여되었기 때문이다.

GM은 여기서 미래의 방향을 잘못 잡는다. 전기 자동차를 개발·판매하면서도, 한편으로는 암암리에 ZEV법의 반대를 위한 로비를 펼치기 시작했다. 앞에서는 웃으면서 악수를 청하지만, 뒤에서는 다른 계산을 하고 있었던 셈이다.

2003년, GM이 바라던 대로 ZEV법이 폐지되었다. GM은 ZEV법이 폐지되자마자 영화에서 '흔적도 없이 사라졌다'고 표현했듯이, 자사가 만든 전기 자동차를 전부 수거해서 남김없이 분해한 다음 쓰레기로 처리했다.

GM이 이처럼 이상한 행동을 취한 배경에는 바로 '석유'가 있었다. 전기 자동차는 석유를 위협한다. 거대한 석유업체와 가솔린 자동차를 팔고 싶어 하는 자동차업체의 이해관계가 딱 맞아떨어진 것이다. 자동차업계야말로 석유 자본과 밀착해 그 거대한 이익을 공유하는 강력한 압력단체다. 앞서 언급했듯이 언론도 거대 자본의 영향력을 받을 수밖에 없다.

"석유업체들이 기득권을 유지하려고 전기 자동차 반대 로비를 펼치고 있다. 마치 이전에 담배업체들이 담배에 아무런 해가 없다며 대대적인 광고를 했던 상황을 연상시킨다."

이런 표현을 보면 머스크도 거대 석유업체의 보이지 않는 압력을 민감하게 느꼈던 것 같다.

'만일 GM이 전기 자동차 개발을 포기하지 않았다면?'

GM은 기술력이나 판매력으로 보았을 때 전기 자동차 개발에 대한 미래 가능성이 큰 기업이었다. 수냉식 V형 8기통 엔진을 처음 양산한 기업이 바로 GM이다. 또한 프런트 서스펜션, 풀 오토매틱 트랜스미션을 타사보다 먼저 만들어내서 실용화한 곳도 GM이다. 아폴로 11호의 내비게이션 시스템도 GM이 만들었고, 아폴로 11호가 싣고 간 월면月面 자동차Lunar Roving Vehicle도 GM이 개발한 작품이다.

하지만 이유야 어쨌든 현재 시점에서 판단해 보면, 최소한 전기 자동차분야에서만큼은 GM이라는 거목이 달걀인 테슬라에 뒤떨어져 있어 보인다. 이러한 사실은 2013년에 당시 GM의 최고경영자였던 댄 애커슨Daniel Akerson이 사내 통신으로 다음과 같은 긴급 지령을 내렸다는 사실로도 짐작할 수 있다.

'테슬라를 분석하는 특별 팀을 구성할 것!'

비로소 GM이 테슬라를 진정한 경쟁상대로 인식하기 시작했다는 신호였다.

전기 자동차는 소음이 없다. 가속력이나 드라이브 성능도 훌륭하다. 가솔린 자동차에 비해 유지비도 두말할 필요 없이 적게 든다. 하지만 아직까지는 지구상의 모든 자동차를 전기 자동차로 바꾸기에는 한계가 있고, 거대 석유업체들이 절대 그렇게 되도록 놔두지도 않을 것이다. 또한 테슬라의 전기 자동차 역시 아직 시작에 불과한 만큼 당연히 결점이 존재한다.

2014년 8월, 앞서 고객만족도 조사를 통해 모델 S에 99점이라는 높은 점수를 부여했던 〈컨슈머 리포트〉에서 이번에는 모델 S의 결함에 대한 보고서를 실었다. 〈컨슈머 리포트〉에서 자체 소유하고 있던 모델 S에 발생한 문제를 토대로 작성한 이 보고서는 '처음에 모델 S의 날렵한 주행, 우아한 간결미에 감동 받았지만'이라고 시작된다. 〈컨슈머 리포트〉에서 보유하고 있던 모델 S는 2013년 1월에 8만 9,650달러를 주고 구입한 것이었다. 그런데 총 주행거리 1만 2,000마일을 조금 넘긴 상태에서 이 차량을 매년 시행하는 정기점검에 보내려는 시점에 예상 밖의 문제가 발생했다. 갑자기 모델 S 내부에 설치된 스마트 패드의 패널이 새하얗게 변하더니 차량의 거의 모든 기능을 쓸 수 없게 되었다.

테슬라는 문제가 발생한 즉시 그들이 일컫는 '업그레이드'를 통해 고장을 수리하기는 했지만, 전기 자동차의 모든 기능이 탑재된 스마트 패드에 문제가 생길 수 있다는 점에 대해서는 테슬라 입장에서도 반드시 심사숙고할 필요가 있어 보인다.

반면에 전기 자동차의 반격을 예상해 볼 만한 일도 있었다.

테슬라 본사가 위치한 캘리포니아 주 서부 도시인 팰로 앨토 Palo Alto 시는 미국 내에서도 전기 자동차가 압도적으로 많은 지역이다. 2013년 9월에 팰로 앨토 시의회는 새집을 지을 때 전기 자동차 충전기용 배선을 의무적으로 설치하도록 하는 법안을 통과시켰다. 또한 이미 지어진 아파트나 공용주택이라도 전체의 10%를 전기 자동차용 충전소 설치가 가능한 배선으로 설치하도록 했으며, 모든 호텔에 전기 자동차 충전기를 의무적으로 설치하도록 했다.

머지않아 전 세계적으로 공용 업무차량을 전기 자동차로 바꾸려는 추세가 걷잡을 수 없이 늘어날지 모른다. 그렇게 되면 필연적으로 전기 자동차를 구입하려는 일반인도 늘어나게 된다. 이러한 변화는 쇼핑몰이나 백화점, 슈퍼마켓에서 전기 자동차 충전소를 설치하는 등의 파급효과를 일으키고, 전기 자동차에 관한 새로운 사업을 수없이 만들어내는 결과로 이어질 수 있다. 말하자면 엄청난 테크놀로지의 빅뱅을 예견해 볼 수 있다.

04

우리는 이곳에서
미래를 만들고 있다

Elon Musk

● 사람들은 성장 스토리를 좋아한다

뜨거운 물에 개구리를 넣으면 발악하면서 어떻게든 바깥으로 나오려고 죽을힘을 다한다. 간신히 탈출할 수도 있지만, 대개는 심한 화상으로 죽는다. 이번에는 미지근한 물에 개구리를 넣고 밑에서 열을 가한다. 물은 서서히 뜨거워지지만 개구리는 처음부터 뜨거운 물에 들어가는 것과는 달리 '뜨겁다'는 인식을 하지 못한다.

'개구리를 구하는 방법은?'

누군가 손을 뻗어 자신이 죽어가는 줄도 모르는 개구리를 건져내면 된다.

현재 우리 인류도 어쩌면 서서히 끊는 물에 들어가 있는 개구리와 같은 처지에 놓여 있는지도 모른다. 석유 같은 화석연료를 때면 땔수록 지구는 달아오른다. 지구가 서서히 끓고 있는 것이다. 누군가 '당신은 지금 죽어가고 있어요!'라고 외쳐도 우리는 미지근한 물속의 개구리처럼 서서히 다가오는 위험을 인식하지 못한다. 이럴 때는 누군가 과감히 손을 뻗어 인류를 구조해야 한다. 안 그러면 지구도, 인류도 그 위험에서 빠져나올 수 없다. 이런 측면에서 생각해 보면 머스크가 추구하는 태양광 에너지가 우리에게는 단순히 대체 에너지 이상의 의미일지 모른다.

2010년, 솔라시티는 비즈니스 솔루션즈Business solutions라는 기업을 인수했다. 이 기업에서는 고객의 주택을 대상으로 에너지 효율을 진단해주는 서비스를 시행하고, 경우에 따라서는 실내 온도를 제어하는 유닛이라는 장치를 설치해주기도 한다. 일반 주택에서 사용하는 전력규모는 크지 않지만 얼마나 효율적으로 사용하느냐에 따라 큰 차이가 생길 수도 있다. 비즈니스 솔루션즈의 에너지 효율 진단 서비스는 위와 같은 방식으로 에너지의 절약을 재고해주는, 이른바 에너지의 리폼reform 서비스라고 표현할 수 있다.

2011년에는 솔라시티에서 솔라 스트롱 프로젝트Solar strong project를 발표했다. 5개년에 걸쳐 10억 달러를 투자해서 미국 전역에 있는 군용軍用 주택에 공공 전력보다 저렴한 전력을 제공하겠다는 계획이었다. 이 프로젝트가 완성되면 미국 최대 규모의 태양광 에너지 공급 시스템이 구축될 예정이다.

앞서 언급했듯이 솔라시티는 창업 6주년이 되는 2012년에 주식시장에 상장했다. 놀랍게도 상장 첫날 8달러로 시작한 주가는 11.79달러로 마감되었다. 하루만에 주가가 무려 47%나 뛰었다. 그 후, 불과 2년 만에 솔라시티의 주가는 70달러가 되었다. 상장가격인 8달러에서 9배 이상 상승한 것이다.

'아름다운 상승 곡선이네요 Just look at that beautiful chart !'
〈워싱턴 포스트 washington post〉는 솔라시티의 급상승한 주가를 보고 이렇게 놀라움을 나타내며, 그 원인을 다음과 같이 분석했다.

① 태양광 에너지는 본질적으로 잠재적인 성장 가능성이 큰 테크놀로지다. 사람들이 좋아할 만한 것 하나를 꼽으라면 성공 스토리일 것이다.

② 솔라시티는 단순히 에너지의 효율성·유용성을 판매하는 기업이 아니다. 솔라시티는 브랜드이다. 이들이 브랜드가 되려는 이유는 간단하다. 높은 인지도를 가진 브랜드는 고객에게 잘 팔린다. 현재 솔라시티가 미국 태양광 에너지시장의 25%를 점령하고 있다는 사실은 거의 경쟁자가 없음을 의미한다. 고객들은 머지않아 태양광 에너지를 브랜드로 인식하게 될 것이다.

③ 솔라시티는 저가의 중국산 수입품이 물밀 듯 들어오는 지금의 상황에서 희소성이 있는 사업을 하고 있다. 중국이 더 저렴한 태양광 패널을 만들어 공급하면 무조건 경쟁에서 진다. 미국뿐 아니라 유럽도 중국의 공세에 속수무책이기는 마찬가지다. 하지만 솔라시티처럼 태양광 패널을 무료로 설치해주고, 모기지 mortgage처럼 장기 임대해주면 이야기가 완전히 달라진다. 또한 고객이 많아질수록 임대료는 자연스레 내려간다.

④ 태양광 에너지는 환경에 대한 대중의 인식을 바꿔놓을 수 있다. 석유 같은 화석연료가 천연연료인 태양광 에너지로 바뀌면 환경에 대한 사람들의 생활의식, 습관, 태도 등도 당연히 달라진다.

한편, 미국을 비롯한 영국, 프랑스, 스페인, 이탈리아, 포르투갈 등의 국가들도 태양광 에너지와 더불어 바람을 이용한 풍력, 땅의 열을 이용한 지력, 간만의 차를 이용한 조력을 영구적이고 지속적인 에너지로 개발하고 있다. 일본에서도 리튬 이온 배터리팩의 축전장치를 제공하고, 태양광 에너지를 공급하는 기업이 생기기 시작했다. 지구상의 에너지는 어차피 유한하다. 유한한 에너지를 무한한 에너지로 바꾸는 노력은 인류가 생존하는 한 끝없이 전개될 것이다. 그러한 측면에서 솔라시티가 성공 스토리를 만들어낼지 전 세계가 주목하고 있다.

● 테슬라의 지향점은 에코가 아닌 프리미엄 자동차이다

테슬라의 홈페이지에는 '고객을 위한 다섯 가지 질문 Top 5 Questions'이 나와 있다. 그중에서 'How is electricity generated?'라는 질문이 있는 부분에는 미국 내 발전현황이 이미지로 표현되어 있다. 그 자료를 보면 미국 내 전력의 대부분이 여전히 화석연료에 의지하고 있음을 알 수 있다.

가령, 유타 주의 82%는 석탄을 때서 전기를 생산한다. 네바다 주의 69%는 천연가스로 발전하는데, 이 천연가스도 석유나 석탄처럼 매장

● 테슬라 홈페이지의 '고객을 위한 다섯 가지 질문(Top 5 Questions)'

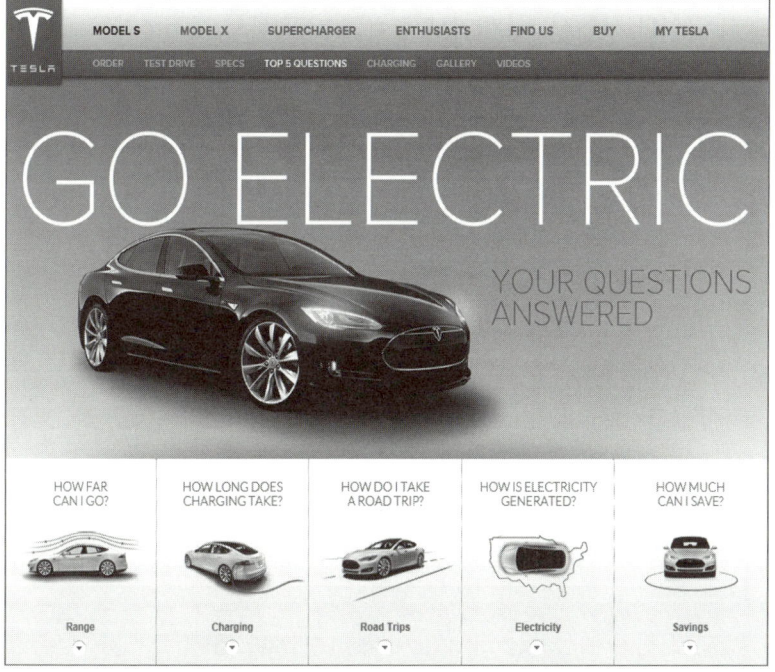

가솔린 자동차의 에너지 효율은 고작 25~30%이다.
나머지는 로스(loss), 즉 버려진다.
반면에 전기 자동차는 그 효율이 무려 95%나 된다.

량이 한정되어 있기는 마찬가지다. 또한 천연가스를 제대로 활용하려면 화석연료가 필요하다. 천연가스를 에너지로 만들려면 석유나 석탄 같은 화석연료의 힘을 빌려야 하기 때문이다.

이를 포함해 미국 내 전반적인 발전현황을 보면, 화력 발전 44%, 원자력 20%, 천연가스 23%, 수력 발전 7%, 풍력 발전 2%, 기타 3%로 구성되어 있다. 한 마디로 이러한 통계는 미국 역시 아직까지는 에너지 효율 측면에서 개선·재고해야 할 여지가 많다는 사실을 나타낸다.

사실 전기 자동차 역시 직접적으로 가솔린을 사용하지 않을 뿐, 석유 같은 화석연료를 통해 생산되는 전기를 사용하기 때문에 어찌 보면 배기가스, 환경오염 등을 왈가왈부할 입장이 아닌지도 모른다. 하지만 에너지 효율 측면에서 생각해 보면 이야기가 달라진다.

화석연료의 에너지 효율은 약 60%밖에 되지 않는다. 나머지는 로스loss, 즉 버려진다. 가솔린 자동차의 경우 로스가 더 심해진다. 고작 25~30%의 효율이다. 시내 주행 시에는 더 비참하다. 15%로 뚝 떨어진다. 가솔린을 집어넣고 달리는 자동차의 효율을 100이라고 치면 평균적으로 80은 길거리에 버려지는 셈이다.

반면에 전기 자동차는 그 효율이 무려 95%나 된다. 로스가 거의 없다. 즉, 비록 전기 자동차가 화석연료를 통해 생산되는 전기를 사용하기는 하지만, 가솔린을 직접 사용하는 것보다는 훨씬 높은 효율을 얻을 수 있다.

그런데 테슬라는 전기 자동차의 대외적인 이미지의 초점을 '친환경 자동차eco-car'가 아닌, '프리미엄 자동차premium car'에 맞추고 있다. 즉, 고객들에게 자신들이 만드는 전기 자동차를 디자인과 성능 측면에서 평가 받고 싶어 한다. 테슬라 홈페이지 중 '고객의 이야기customer stories' 코너에 올라온 고객 평가를 보면, 이러한 테슬라의 전략이 주효한 듯하다.

- 내 직업은 뮤지션이다. 구체적으로 말하면 드러머다. 나는 모델 S를 '드림 카'라고 부른다. 드러머라면 누구나 그렇듯 짐이 많다. 모델 S는 앞뒤의 트렁크를 모두 활용할 수 있다. 뮤지션이라 이동 중에도 부지런히 음악을 듣는다. 17인치 터치 패널과 거기에 연결된 USB 포트는 내가 늘 휴대하는 아이폰과 편하게 연동된다. 게다가 스피커에서 울리는 사운드도 훌륭하다.

- 노르웨이는 1년에 4~6개월이 겨울이다. 나는 모델 S를 '퍼펙트 카'라고 부른다. 눈이 많이 내리는 겨울에는 스마트폰과 연동시켜 집 안에서 모델 S의 앞 유리창 서리를 미리 제거한다. 눈이 많이 쌓인 도로에서도 문제없다. 모델 S에는 차 높이가 조절되는 기능이 있기 때문이다.

위 두 가지 평가 어디에서도 모델 S를 친환경 자동차라고 인식하는 내용을 찾아볼 수 없다. 오직 자동차로서의 실용성, 기능성, 성능만 놓고 평가하고 있을 뿐이다. 이처럼 사람들 머릿속에 아무리 '친환경이 좋다'라는 인식이 있다 하더라도, 막상 제품을 평가할 때에는 그 제품 자체의 가치만 눈에 들어오기 마련이다.

주로 저렴한 제품을 구입하는 소비자는 자신이 '경제적'이라고 생각하는 경향이 있다. 하지만 머스크는 '소비 = 경제적'이라는 고정적인 등식을 처음부터 거부했다. 그는 전기 자동차에 친환경 자동차라는 이미지 외에 '욕망'이라는 키워드를 하나 더 부여했다.

가령, 부자라면 프랑스의 프리미엄 브랜드인 에르메스 가방을 하나씩은 갖고 싶어 한다. 실제로 세계 각국의 부자들 중에는 에르메스 브랜드 제품을 소유한 사람이 많다. 소유함으로써 충족되는 욕망이 에르메스라는 브랜드에 존재하기 때문이다. 단순히 경제적인 측면으로만 소비를 따지지 않는 사람들도 많은 법이다.

어떤 제품이든 '친환경'이라는 측면만 지나치게 부각시킬 경우 오히려 너무 얄팍한 사업수완이라는 오해를 받을 수 있다. 이렇듯 단순히 동정심에 호소하거나, 특정한 사상이나 생각만 내세워서는 제품의 가치를 높일 수 없다. 그것과 관계없이 어쨌든 그 제품 자체의 가치를 충분히 인정받을 수 있어야 한다. 머스크가 말하는 '사람들이 소유하고 싶은 욕망이 담긴 차'라는 의미가 바로 그것이다. 또한 그것이 전기 자동차이기 때문에 지구 환경에 대한 양심적인 소비까지 저절로 포함되는 양면적인 효과도 충분히 기대할 수 있다.

미국은 자동차 판매대수가 딜러의 수완에 따라 많은 영향을 받는다. 그런데 테슬라는 처음부터 딜러를 아예 개입시키지 않고 직판으로 마케팅을 펼치는 전략을 구사하고 있다. 테슬라 매장은 마치 애플 매장과 흡사하게 중요한 디스플레이만 눈에 띄게 설치하고 나머지 공간은 여유롭게 활용한다. 매장에 들어선 고객은 이리저리 두리번거릴 필요 없이 테슬라 자동차라는 특화된 이미지에만 집중할 수 있다.

테슬라 매장에 딜러를 두지 않는 이유는 전기 자동차를 판매하려면 필연적으로 가솔린 자동차의 단점을 많이 꺼내놓아야 하기 때문이다.

가솔린 자동차와 전기 자동차는 상충되는 면이 많다. 가령, 전기 자동차의 장점인 전기는 아직까지는 가솔린처럼 아무 데에서나 쉽게 충전할 수 없다는 약점이 존재한다. 그러다 보니 가솔린 자동차와 전기 자동차를 함께 팔고 있는 딜러로서는 모순에 빠진다. 창과 방패를 모두 팔아야 하는 딜러의 입장에서는 손님의 질문에 대답하기가 궁색해진다. 게다가 전기 자동차라는 낯선 영역은 가솔린 자동차와는 달리 고객에게 많은 설명이 필요하다.

테슬라 매장에서는 고객이 상담을 요청하면, 그 자리에서 바로 고객이 원하는 여러 옵션이 갖춰진 자동차의 실물을 커다란 스크린에 비춰준다. 이처럼 테슬라 입장에서는 고객과의 긴밀한 소통을 유지하기 위해서라도 제3자가 개입하지 않는 직판 시스템이 불가피했을 것이다.

● 이노베이션을 창조하는 공간

앞서 언급했듯이 테슬라는 토요타와 합작으로 캘리포니아 주에 있는 누미 공장의 일부를 사들여 테슬라 프레몬트 공장을 가동시켰다. 공장 가동 초기에 테슬라는 당시의 극심했던 불경기의 수혜를 얻을 수 있었다. 각 기업이 처치 곤란해 하던 프레스기기 등을 아주 저렴하게 구입할 수 있었을 뿐만 아니라, 각종 생산비품 등도 철저히 저렴한 중고를 사들여 활용할 수 있었기 때문이다. 이 또한 애초부터 머스크가 범용성을 추구했기 때문에 가능한 일이었다.

반면에 중고로 대응하기 어려울 때에는 과감히 최신 설비에 투자했다. 가령, 테슬라의 프레몬트 공장에서는 통상적인 컨베이어라인을 사용하지 않는다. 생산라인 위에서는 산업용 로봇이 활약하고 있다. 로봇은 생산라인 위에서 스스로 작동하는 영리함이 있을 뿐만 아니라, 레이아웃 등을 변경할 때에도 아주 효과적이다.

또한 로봇은 사람이 하기 어렵거나 까다로운 작업을 맡아서 해준다. 가령, 사람이 차 내부에 들어가 몸을 구부린 채로 시트를 장착하는 공정은 까다롭고 번거로운 작업이다. 앞 유리를 접착해서 빈틈없이 부착하는 공정도 세밀하고 완벽한 작업이 요구된다. 프레몬트 공장에서는 이러한 공정들을 모두 로봇이 담당하고 있다.

테슬라 공장 내부를 공개한 영상을 보면 마치 인간의 자율적인 신경을 갖추고 있는 듯한 수많은 로봇이 정확한 동작, 상당히 빠른 속도로 부품을 숙련된 일꾼처럼 적재적소에 운반하고, 재단하듯 자동차를 조립하며, 레이저를 쏘고, 페인트공처럼 능숙하게 페인트를 칠하는 모습을 볼 수 있다. 마치 로봇이 자동차를 알아서 만든다는 착각이 들 정도이다.

물론 로봇 등을 활용한 자동 기계작업이 많아지면 작업의 유연성을 잃게 될 우려가 있다. 반면에 사람의 손에 의한 수작업이 많아지면 작업의 효율성이 떨어질 우려가 있다. 그렇기 때문에 사람과 로봇의 균형을 결국 사람이 조절해주어야 한다. 아직까지 테슬라는 이 점에 잘 대응하고 있는 듯하다. 현재 테슬라에는 3,000명 정도의 직원과 160대의 로봇이 효율적으로 균형을 이루고 있다.

테슬라의 고급 세단인 모델 S는 프레몬트 공장에서 일괄 생산되고 있다. 보디(차체)와 섀시는 모두 테슬라에서 자체 개발한다.

● 테슬라 프레몬트 공장

"우리는 이곳에서 미래를 만들고 있다."
테슬라 직원들의 인터뷰 내용에는 이 말이 빠지지 않는다.
테슬라의 프레몬트 공장은 로봇의 정확한 작업과
사람의 섬세한 기술이 완벽한 조화를 이루는 공간이다.

정문 현관이 있는 건물의 1층에서는 인테리어 조립과 마무리를 담당한다. 2층에서는 납품 받은 리튬 이온 배터리를 모듈화해서 냉각 시스템을 추가한 후 배터리팩을 조립한다. 그 뒤편 건물에서는 6개의 축이 달린 유압 프레스로 알루미늄을 프레스 가공한다. 프레스 가공한 알루미늄을 보디 패널이라고 부르는데, 이 보디 패널들을 접착하거나, 볼트로 고정시켜 보디를 완성시킨다. 그런데 언뜻 간단해 보이는 알루미늄 패널을 만드는 기술력은 의외로 다른 자동차업체에는 축적되어 있지 않다. 이것은 스페이스X의 로켓 제조 테크놀로지를 테슬라에서 응용한 사례로, 뒤늦게 출발한 테슬라의 경쟁력을 쉽게 끌어올리고 있는 요인이다. 램프나 시트 같은 부품은 지금도 외부업체에서 공급받고 있지만, 파워 트레인의 주요 부품 중 90%는 테슬라에서 자체 생산하고 있다.

프레몬트 공장은 200에이커(약 81만㎡)의 광활한 부지에 자리잡고 있다. 이 정도 크기면 미식축구장 88개가 들어간다고 한다. 조립라인, 도색 시스템 등을 갖춘 5개의 공장을 비롯해, 공장 내부에는 자체 발전소, 주행 테스트 도로까지 갖추고 있다. 공장의 한쪽 끝에서 다른 끝까지의 거리는 1.4km에 이른다.

작업현장은 테슬라의 로고처럼 흰색과 빨간색의 두 가지 색상으로 산뜻한 분위기를 자아내며, 공장 사람들이 입는 작업복도 빨간색을 기본으로 한 두 가지 색상으로 되어 있다. 자동차 공장의 직원들이 입는 유니폼으로서는 독특해 보인다. 유니폼은 그 조직이 가진 생각을 대변할 뿐만 아니라, 제품의 생산성과도 밀접한 관련이 있다. 아무렇게나 대충 입고 작업하면 아무래도 정밀한 제품이 나오기 어렵다. 또한 유니폼은 그곳에서 일하는 직원들의 자부심과도 연관이 있다.

"테슬라 프레몬트 공장은 미국의 미래다."

테슬라의 한 임원은 이렇게 자랑스럽게 말한다. 그리고 이런 말을 덧붙인다.

"우리는 이곳에서 미래를 만들고 있다."

흥미로운 사실은 이 임원뿐만 아니라 언론에 보도된 테슬라 직원들의 인터뷰 내용에는 '우리는 이곳에서 미래를 만들고 있다'는 말이 빠지지 않는다는 것이다.

이 말의 진의를 알려면 약간의 배경지식이 필요하다. 미국은 이미 제조업의 대부분을 잃었다. 잘 알다시피 그 자리를 독차지한 나라는 중국이다. 앞서 말했듯이 태양광 패널을 제작해서 공급하는 기업은 중국 기업에서 저가의 태양광 패널을 만들어 들어오면 속수무책으로 당할 수밖에 없다. 가격 경쟁력에서 밀리면 어쨌든 시장에서도 금세 밀리기 마련이다. 이렇듯 중국은 미국뿐 아니라 전 세계를 상대로 '가격의 인해전술'을 펼치고 있다.

이와 관련해 머스크는 공공연히 중국의 인해전술을 막을 수 있는 방법은 '이노베이션'뿐이라고 말한다. 즉, 경쟁에서 이기기 위해서는 가격을 넘어서는 '무한한 가치'를 만들어내야 한다는 뜻이다.

테슬라는 현재 전 세계에서 유일하게 전기 자동차만을 생산하는 자동차기업이다. 모델 S같은 프리미엄 자동차는 중국이 감히 넘볼 수 없는 영역에 존재한다. 더불어 심각한 미국의 실업자 문제를 해결하는 방안의 하나로 제시될 수 있다. 테슬라가 미국의 미래이며, 자신들이 미래의 미국을 만들고 있다는 테슬라 직원들의 자부심은 바로 이러한 배경에서 만들어졌다.

 5장

인류의 진보를 이끄는 테크놀로지 리더십

01

자동차라는 상품에
새로운 가치를 불어넣다

Elon Musk

● 난관을 돌파하는 힘

2013년, 자동차 전문지인 〈모터 트렌드Motor Trend〉에서는 모델 S를 '올해의 차'로 선정했다. 여기에 발맞추듯 그해 테슬라의 매출이 급증했다. 전문가들의 예상을 훨씬 뛰어넘는 전년 대비 15배 이상의 성장이었다. 불과 하루 만에 엘런 머스크의 소유자산 평가액이 5억 7,000만 달러(약 5,500억 원)로 늘었다.

하지만 단지 매출액이 급등했다고 해서 '올해의 차'로 선정되지는 않는다. 성능이나 디자인, 연비 등 자동차로서의 효율성이 기본적으로 충족되어야 한다. 비슷한 가격대의 메르세데스 벤츠의 S시리즈, BMW의 7시리즈를 능가한 판매실적이 그 점을 증명해준다.

테슬라는 물론 머스크의 작품이다. 하지만 그곳에서 일하는 엔지니어들의 이노베이션을 향한 헌신적이고 지속적인 노력이 없었다면 성립될 수 없는 기업이기도 하다. 그런데 테슬라의 전기 자동차 개발부분에서 중요한 역할을 담당하는 엔지니어들은 의외로 자동차업계에서의 경험이 없다. 물론 전기 자동차 개발에 필요한 주요 기술인 전기 모터, 컴퓨터, 배터리 등에 관해서는 전문성을 갖추고 있지만, 이러한 전문성을 실제로 자동차 제조와 연결시키는 것은 별개의 문제다. 이것은 테슬라가 반드시 자동차업계에서의 풍부한 경험을 가진 인재만을 우선시하지 않는다는 사실을 의미한다. 그렇다면 테슬라의 첫 번째 채용기준은 무엇일까?

'난관을 돌파하는 힘'

아마도 테슬라에서 인재를 영입할 때 첫 번째로 삼은 기준은 이것일 것이다.

일본의 대기업인 모리나가유업은 외국 지사에 파견할 사원의 자격을 '해당 지역의 외국어 능통자'로 제한하지 않는다. 해외지사는 언제 무슨 일이 생길지 모르는 곳이다. 그러다 보니 제때 본사로부터 적절한 도움을 받지 못하는 상황이 수시로 생긴다. 그런 상황에서 당연히 실적도 신경 써야 하고, 현지에서 채용한 직원들도 능수능란하게 통솔해야 한다. 그러니 본사 입장에서는 매번 좌충우돌하면서도 기업에서 정한 목표를 달성하기 위해 끈기 있게 버텨줄 인재가 필요하다. 그래서 모리나가유업에서는 단순히 뛰어난 외국어 구사력을 가진 인재보다는 어떠한 난관 앞에서도 쉽게 등을 보이지 않는 인재를 선호한다. 정교한 외국어 구사가 필요한 때에는 전문 통역자를 쓰면 그만이기 때문이다.

이노베이션은 원래 IT업계에서 퍼진 말로, '10년에 한 번밖에 일어나지 않는 대변혁 혹은 개혁'을 일컫는다. 개혁은 말 그대로 '가죽(革)을 바꾼다(改)'는 뜻이다. 여기서 가죽을 바꾼다는 말은 '말안장을 바꾼다'

는 것을 의미한다. 자신에게 익숙한 말안장을 바꾸면 처음에는 꽤 힘들고 불편한 시기를 견뎌내야 한다. 이노베이션도 마찬가지다. 즉, 아무리 이노베이션이 미래를 지향한다고 해도, 지금 당장 발에 편한 신발을 버리고 새 신발을 찾는 사람은 없다. 이처럼 이노베이션을 시작할 때에는 따라오는 사람이 없어서 고독하지만, 결국 그것이 성공했을 때에는 수수방관했던 많은 사람들까지도 혜택을 본다. 이 말은 곧 누군가 힘겨운 고난을 마다하지 않고 이노베이션이라는 짐을 짊어져야만 인류가 지향하는 방향이 바람직하게 바뀐다는 사실을 의미한다.

지금 머스크가 걷는 길도 마찬가지다. 자동차라는 한정된 틀 안에서는 결국 '자동차' 외에는 만들어지지 않는다. 자동차라는 틀을 걷어치우고 그 안에 새로운 가치를 불어넣어야만 비로소 '자동차의 이노베이션'이 창조된다.

● 배터리의 한계를 넘어서다

만일 테슬라 공장에서 1,000명이 일한다고 가정하면, 450명은 보디(차체)와 섀시 같은 생산·조립라인을 담당하고, 350명은 배터리팩, 나머지 사람들은 모터부품의 제조를 담당한다. 이처럼 투입된 인원 수만 보더라도 '배터리팩'이 테슬라의 핵심 기술이라는 사실을 알 수 있다.

지금까지 간간히 세상에 선을 보인 전기 자동차가 번번이 가솔린 자동차에 패배한 이유도 '배터리' 때문이었다. 특히 전기 자동차의 한계를 좌우했던 가장 큰 요인은 배터리의 무게다. 가솔린 자동차와 같은 엔진은 없지만, 다량으로 들어가는 배터리의 무게가 상당하기 때문이다. 하이브리드 자동차가 가솔린 엔진과 전기 모터를 병용하는 가장 큰 이유도 바로 여기에 있다. 그래서 하이브리드 자동차는 배터리 탑재량을 최소한으로 억제하고 있다.

테슬라로서도 당분간 배터리팩의 무게를 획기적으로 줄이기는 기술적으로 어려워 보인다. 대신에 차체의 무게를 줄이면서 가솔린 자동차보다 더 높은 효율을 낼 수 있도록 개선하는 데 중점을 둘 예정이다.

현재 테슬라에서 전기 자동차에 사용하는 배터리는 파나소닉 제품이다. 파나소닉은 전 세계 리튬 이온 배터리시장의 30%를 장악하고 있다. 파나소닉의 발표에 따르면, 2014~2017년까지 테슬라에 약 20억 개의 리튬 이온 배터리를 공급할 계획이라고 한다. 앞으로 더 가볍고 오래 지속되며 가격도 낮은 신형 배터리가 나오겠지만, 아직까지는 리튬 이온 배터리가 모든 측면에서 가장 효율적인 제품으로 인정받고 있다.

파나소닉이 제조하는 리튬 이온 배터리에 들어가는 원료는 일본의 스미토모 금속광산에서 생산한다. 리튬 이온 배터리는 대량생산 시스템으로 생산되기 때문에 가격이 비교적 저렴하다. 정확한 단가는 알 수 없지만, 현재 테슬라가 공급받고 있는 파나소닉의 리튬 이온 배터리는 1kWh당 우리 돈으로 40만 원 정도이다. 참고로 미쓰비시Mitsubishi motors에서 내놓은 전기 자동차인 i-MiEV에 들어가는 리튬 이온 배터리는 1kWh당 우리 돈으로 약 150만 원 정도이다.

모델 S의 최상급 모델인 85kWh는 1회 충전으로 480km를 주행할 수 있다. 'kW(킬로와트)'는 전력을 말한다. 'kWh(시간당 킬로와트)'는 전력량, 즉 전력에 시간을 곱한 값으로 1,000W의 전력을 1시간 동안 사용한 양을 말한다. 1kWh로 할 수 있는 일은 다음과 같다.

- 50W 선풍기 20대를 동시에 1시간 동안 켜 놓을 수 있다.
- 40W 형광등 25개를 동시에 1시간 동안 켜 놓을 수 있다.
- 200W 텔레비전 5대를 동시에 1시간 동안 시청할 수 있다.

테슬라의 모델 S에는 7,000셀 이상의 리튬 이온 배터리가 들어간다. 테슬라의 첫 전기 자동차인 로드스터에도 6,000셀 이상의 배터리가 들어갔다. 그중 하나라도 불량품이 섞여 있으면 전체의 성능을 떨어뜨린다. 그런데 테슬라의 엔지니어들은 전기 자동차에 들어가는 배터리에 불량품이 섞여 있어도 전체의 성능을 훼손시키지 않는 특출한 기술력을 갖고 있다. 또한 리튬 이온 배터리를 연결시키는 테슬라의 독자적인 테크닉도 발군의 솜씨다.

한편, 리튬 이온 배터리의 수명은 길어봤자 충전·방전횟수가 1,000회에 불과하다. 그러다 보니 배터리의 용량이 커질 수밖에 없다. 충·방전 1회 당 주행거리 300km를 꾸준히 유지하려면 최소한 600회 충·방전이 보장되어야 한다. 그러면 자동차의 전체 수명은 18만km쯤 된다. 즉, 600회의 충·방전으로 18만km의 수명을 보장해줄 수 있다. 하지만 수명이 겨우 18만km 정도인 자동차는 시장에 내놓을 수 없다.

따라서 시장성을 담보하려면 전기 자동차에 쓰이는 배터리의 충·방전횟수가 최소한 5,000회는 되어야 한다. 물론 거기에 따르는 내구성도 보장되어야 한다. 테슬라는 이 기준을 충족시키고 있다. 참고로 닛산Nissan에서 출시한 전기 자동차인 리프는 최소 3,000회 충·방전을 보장

● 가정용 충전기로 충전을 하고 있는 모델 S

'1회 충전으로 480km 주행'
테슬라는 배터리의 무게라는 전기 자동차의 한계를
끊임없는 이노베이션을 통해 극복해나가고 있다.

하고 있다.

　전기 자동차 개발에 있어서 배터리의 문제는 여전히 개선의 여지가 많다. 하지만 오늘날 비약적으로 발전하고 있는 테크놀로지를 감안하면 머지않아 배터리분야에서도 획기적인 이노베이션이 창조될 가능성이 높다. 가령, 모델 S는 가정용 콘센트에 45분을 충전시키면 100km 이상을 달릴 수 있다. 이는 배터리의 골치 아픈 문제인 중량을 넘어서는 매력적이고 경제적인 요소임에 틀림없다.

02

진정한 테크놀로지 리더십을 보여주다

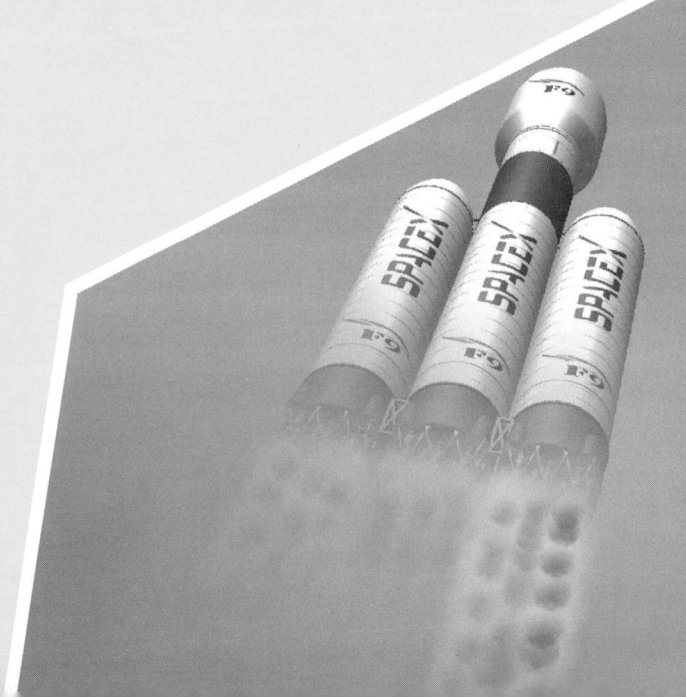

Elon Musk

● 특허의 전면 개방, 오래된 사고방식을 깨다

엘런 머스크는 스페이스X를 창업할 당시 직원들에게 강력한 주문을 걸었다.

"우리가 하는 사업의 첫 번째 임무는 기존의 로켓 개발업체들이 가진 오래된 사고방식을 정면 돌파하는 것이다!"

이 말처럼 그는 오래된 생각을 거부하고 밀어내는 데에서부터 새로움이 시작된다고 보았다.

앞서 언급한 스페이스X의 재활용 우주선인 그래스호퍼 역시 그러한 발상이 있었기에 개발할 수 있었다. 아직까지는 '메뚜기'라는 이름에 걸맞게 우주에 해당하는 지상 100km까지 폴짝 뛰었다가 제자리에 돌아오게 하려면 기술적인 난제가 많아 남아있기는 하지만, 머스크의 계획대로 하루에 수십 차례씩 발사할 수 있게 되면 그래스호퍼의 발사비용을 지금의 100분의 1까지 낮출 수 있을 것으로 전망된다. 또한 발사횟수가 늘어날수록 성공률도 점차 높아질 것이다. 이 계획이 현실화되면 대략 계산해도 우주선을 쏘아 올리는 비용이 제트기의 연비와 비슷해진다.

스페이스X의 역사는 그리 오래 되지 않았지만 그곳에서 일하는 엔지니어들의 꾸준한 노력 덕분에 '특허'라고 부를만한 업적이 꽤 쌓여 있다. 하이테크 산업에서는 특허가 그 기업의 지표가 된다. 특허를 많이 갖고 있는 기업은 그 분야의 선두를 달리고 있다는 긍정적인 이미지를 주는 것도 사실이다.

하지만 머스크는 아직까지 특허신청을 하려들지 않는다. 언젠가 그 이유를 기자가 물었을 때, 그는 이렇게 대답했다.

"중국 때문이지요."

자칫 국제적인 문제로 비화될 수 있는 발언이었다. 사실 중국은 선진국의 특허를 '참조'해서 그것을 모방한 제품으로 오히려 특허를 가진 상대를 저가로 공략하는 전략을 취하고 있다. 현재 중국의 여러 기업들이 그러한 전략을 통해 세계 각국에서 쏠쏠한 재미를 보고 있다. 사업에 있어서 신제품과 특허는 불가분의 관계라는 것이 상식이다. 우리는 특허가 신제품이나 신기술을 지켜주는 튼튼한 보호막이 된다고 철저히 믿고 있다. 글로벌 기업들이 세계 각국의 법정에서 끊임없이 특허권을 둘러싸고 싸움을 벌이는 이유도 바로 이 때문이다.

그럼에도 불구하고 머스크는 특허를 내지 않는 편이 오히려 스페이스X의 기술력을 보호할 수 있다고 말하고 있다. 그는 여기에 그치지 않고, 2014년 6월 12일에는 테슬라의 특허를 모두 공개한다고 밝히기까지 했다. 그가 이렇게 공언한 시점 이후, 그때까지 팰로 앨토 시 테슬라 본사 로비에 있던 테슬라가 소유한 특허에 대한 게시물이 흔적도 없이 자취를 감추었다. 도대체 그는 무슨 생각과 의도로 상식을 뒤엎었을까? 그는 특허를 전면 개방한 이유를 이렇게 밝혔다.

"내가 Zip2를 창업했을 때에만 해도 특허는 무조건 좋은 것이라는 대중적인 인식이 깔려 있었다. 그래서 (나도) 특허를 취득하려고 많이 애썼다. 하지만 지금은 특허가 대기업의 지위만 군건하게 확립시켜줄 뿐, 오히려 미래로 가는 길을 가로막고 있다고 생각한다. 우습게도 정작 특허는 그것을 발명한 사람보다 특허소송에 관련된 변호사의 지갑만 두둑이 채워주고 있을 뿐이다. 또한 특허소송은 한방에 일확천금을 얻을 수 있는 복권을 미리 사두는 것 같은 이상한 풍조를 만들어냈다. 그래서 나는 Zip2를 매각한 이후로는 되도록 특허등록을 하지 않으려고 했다. 하지만 테슬라를 창업하면서 특허등록이 불가피하게 되었다. 테슬라보다 훨씬 규모가 큰 자동차기업에서 우리 기술을 복제해 대량생산한 후 천문학적인 비용을 들여 마케팅을 펼치면 우리를 옴짝달싹 못하게 만들 것이라고 우려했기 때문이다.

그런데… 우리 판단이 빗나갔다.

대규모 자동차기업의 전기 자동차 개발 프로그램, 환경을 심각히 오염시키는 탄화수소를 배출하지 않는 종류의 자동차를 개발하려는 규모는 실제로는 극히 보잘 것 없었다. 심지어 아예 전기 자동차를 개발할 의향조차 없는 곳도 있었다. 그들이 제조·판매하는 전기 자동차가 차지하는 비율은 그들이 만드는 가솔린 자동차에 비해 평균 1% 이하에 불과했다. 그나마 생산대수도 적었다. 우리가 걱정한 것과는 정반대의 현실이었다.

지금 지구상에는 연간 1억 대 이상의 신차가 생산되고 있고, 전 세계의 차량 수가 거의 20억 대에 육박했다. 테슬라는 '제로 이미션Zero Emission(이산화탄소 배출량을 제로로 만들자는 구상)'을 실현하려면 되도록 빠른 시일 내에 전기 자동차를 세상에 많이 내놓는 것이 불가피하다고 인식하고 있다. 곰곰이 따져 보니 우리의 진짜 경쟁상대는 전기 자동차를 제조하는 기업이 아닌, 세계 각국에서 홍수처럼 쏟아져 나오는 가솔린 자동차였다!

우리는 매력적인 전기 자동차를 생산하기 위해 개척해왔던 지적재산권이 전기 자동차를 제조하는 타 기업을 오히려 방해하고 있지 않느냐는 의구심을 갖게 되었다. 우리는 정글에서 길을 개척했지만 사람들이 뒤따라오지 못하도록 지적재산권이라는 지뢰를 지나온 길에 심어두었다. 하지만 그 행동은 우리가 지향하는 미래 목표로 가는 궤도에서 탈선하는 모순된 행동이라는 자각이 들었다. 테크놀로지 리더십은 단순히 특허로 좌우되지 않는다. 역사가 보여주듯 특허는 막강한 경쟁상대에 대항할 수 있는 아주 작은 보호장치에 불과하다. 오히려 시대를 선도하는 테크놀로지 리더십은 능력이 탁월한 엔지니어를 적극적으로 받아들여 그들에게 동기부여를 해주는 기업의 풍토에 의해 결정되는 법이다.

이 시간 이후로 우리는 성의를 갖고 우리의 기술을 이용하는 기업에 대해서는 특허 침해소송을 일으키지 않기로 했다. 우리가 소유한 특허를 전면 개방open source하는 신념이야말로 테슬라의 입장을 약화시키지 않고 오히려 더욱 단단히 해주리라 믿기 때문이다. 테슬라는 지속가능한 운송수단의 미래를 앞당기려고 설립되었기 때문이다."

테슬라는 앞으로 테슬라 전기 자동차를 소유한 사람에게는 전 세계 어디를 가도 슈퍼차저 스테이션을 무료로 이용할 수 있도록 하겠다는 계획을 밝혔다. 어쩌면 테슬라가 특허를 개방함과 동시에 타사의 전기자동차도 'EV'라고 써진 일반 충전소가 아닌 테슬라의 로고가 부착된 슈퍼차저 스테이션에서 무료로 충전할 수 있는 혜택을 받을지도 모르겠다. 그가 말한대로 그것이 지속가능한 운송수단의 미래를 앞당기는 방법의 하나이기도 하니까 말이다.

● 모델 X, 세상에 모습을 드러내다

머스크를 비롯한 소위 혁신적인 경영자나 기업들은 늘 사람들이 생각해내지 못하는 기발한 아이디어를 놀랄 만한 현실로 만드는 데 일가견이 있는 듯하다.

그 대표적인 기업 중 하나인 구글에서는 현재 운전자 없는 무인 자동차 택배 시스템을 개발하고 있다. 구글이 이미 대형 열기구를 띄워 개발 후진국에 인터넷 서비스를 제공하는 프로젝트를 진행하고 있다는 점을 감안하면, 무인 자동차 택배 시스템은 머지않아 실현될 가능성이 높다.

아마존 역시 이와 비슷한 서비스를 준비하고 있다. 날개가 8개 장착된 무인 헬리콥터 '옥토콥터OctoCopter'를 이용한 택배 시스템인 '프라임 에어Prime Air' 서비스가 그것이다. 이 서비스가 본격적으로 실현될 경우 미국 내 어느 곳이든 30분 이내에 택배가 완료된다고 한다.

아마존의 창업자 제프 베조스Jeff Bezos는 머스크의 스페이스X보다 2년 빠른 2000년에 블루 오리진Blue Origin이라는 우주 항공기업을 설립하기도 했다. 블루 오리진의 목표는 대기권과 우주의 경계, 즉 지상

100km를 조금 넘는 높이까지 유인 로켓을 발사한 후, 거기서 자유낙하한 상태에서 수분 동안 무중력상태를 체험하는 서비스를 제공하는 것이다. 일종의 우주 번지점프라고 생각하면 될 듯하다. 블루 오리진은 아직 이 서비스를 실현하지는 못했지만, 그들이 지향하는 '보다 저렴하게, 보다 많은 사람들에게 우주 여행을'이라는 목표는 머스크와 크게 다를 것이 없어 보인다.

그렇다면 상상력에 있어서만큼은 이들에게 결코 뒤지지 않는 머스크는 앞으로 무슨 계획을 가지고 있을까? 먼저 그가 현재 진행하고 있는 재미있는 상상 하나가 눈에 띈다. 머스크는 2013년에 영화 007 시리즈 중 〈나를 사랑한 스파이(1977)〉에 등장했던 자동차인 로터스 에스프리Lotus Esprit를 약 100만 달러에 경매로 사들였다. 영화에서 그 자동차는 물속과 지상을 자유롭게 주행하는, 이른바 '수륙양용 자동차'로 등장했다. 물론 아직까지 현실에서는 그런 성능을 가진 자동차가 존재하지 않는다. 그런데 머스크는 실제로 수륙양용 자동차를 만들겠다고 공언했다. 테슬라에서 제작한 파워 트레인으로 업그레이드하면 가능하다고 본 것이다. 그의 말이 현실이 될지는 두고 보아야겠지만, 지금까지 그가 이루어낸 업적을 생각해 보면 쉽게 무시할 수 없는 계획으로 보인다.

한편, 2014년에 테슬라에서 개발 중이라고 밝힌 4도어 4륜 구동 SUV 자동차인 '모델 X'가 드디어 2015년 봄부터 양산에 들어간다고 한다. 모델 X의 뒷좌석을 접으면 7인승이 된다니 패밀리카를 타깃으로 삼은 듯하다. 모델 X는 걸윙 도어 타입(갈매기 날개처럼 양쪽 문이 위로 젖혀지게 열리는 형태)을 채택함으로써 탑승자가 몸을 숙이지 않고 선 채로 자동차에 탈 수 있도록 했고, 모델 S와 마찬가지로 제로백 4초대의 빠른 성능

● 테슬라의 4도어 4륜 구동 SUV 자동차, 모델 X

자동차업체의 가치 창조와 고객의 가치 부여가
이상적인 지점에서 만날 때,
비로소 그 가치가 브랜드로 탄생한다.
모델 X가 브랜드가 될지는
순전히 고객의 선택에 달려 있다.

을 갖추고 있다. 1회 충전으로 420km를 주행할 수 있는 배터리는 10년에 한 번만 교환하면 될 뿐 아니라, 나머지 소모품은 거의 반영구적이라고 하니 배터리 이외에는 유지비용이 거의 들지 않는 셈이다. 또한 차체 바닥에 탑재한 배터리팩 덕분에 다른 SUV 자동차보다 중심이 낮아 주행 중 코너를 돌 때 기민한 반응을 실감할 수 있다고 한다. 모델 X는 머스크가 추구하는 '범용성'에 걸맞게 모델 S와 부품의 60%를 공유한다.

머스크는 모델 X가 자동차의 속도, 넓은 공간과 더불어 고객에게 충분한 가치를 선사할 것이라고 호언장담하고 있다. 하지만 그 가치는 자동차를 만드는 기업이 아닌, 차를 직접 구매해서 운전하는 고객만이 부여할 자격이 있다. 즉, 자동차업체의 가치 창조와 고객의 가치 부여가 이상적인 지점에서 만날 때 비로소 그 가치가 브랜드로 탄생한다. 결국 테슬라의 모델 X가 브랜드가 될지는 순전히 고객의 선택에 달려 있다.

한편, 테슬라에서는 로드스터의 업그레이드도 준비 중이라고 밝혔다. 로드스터는 모델 S와 달리 오랫동안 충전하지 않으면 배터리가 재생되지 않는다는 치명적인 결함을 갖고 있다. 구체적인 업그레이드 시기는 언급하지 않았지만, 현재 245마일(약 394km) 용량의 배터리팩을 400마일(약 644km)의 대용량으로 업그레이드할 예정이다.

● 테슬라의 비밀 마스터 플랜

머스크는 2006년에 〈우리만의 비밀인 테슬라의 계획The Secret Tesla

Motors Plan, just you and me〉이라는 흥미로운 제목의 보고서를 발표했다. 제목에 '우리만의just you and me 비밀'이라는 재미있는 표현이 붙어 있어서 테슬라의 '비밀 마스터 플랜'으로 부르기도 한다. 머스크와 테슬라의 공동 창업자가 작성자로 되어 있는 이 보고서에는, 우선 고급형 전기 자동차를 팔아 자금을 확보한 후 보다 저렴한 대중용 전기 자동차를 확대 보급하겠다는 내용이 들어 있다. 이 보고서의 계획대로라면 이미 고급 레이싱 자동차인 로드스터와 고급 세단인 모델 S가 출시되어 있고, 2015년에는 SUV 자동차인 모델 X가 출시될 예정이므로, 이제 저렴한 대중용 전기 자동차를 내놓을 단계에 이르렀다고 생각된다.

머스크는 총 3단계 중 2단계까지 오는 데 예상보다 시간이 오래 걸리기는 했지만, 앞으로 3년 이내에 '모델 3Model Three'라는 이름의 대중용 소형 전기 자동차를 선보이겠다고 강한 포부를 밝히고 있다.

테슬라의 목표는 지속가능한 운송수단의 출현을 가속화하는 것이다. 어쨌든 전기 자동차는 우리의 필요성에 의해 대중화·일반화될 것이다. 왜냐하면 우리는 언제 어떻게 될지 모르는 석유라는 부담스러운 존재를 늘 떠안고 있기 때문이다.

한편, 토요타는 수소연료를 이용해 전기를 발생시키는 연료 전지 자동차FCV, Fuel Cell Vehicle를 차세대 핵심 모델로 개발 중이라고 한다. 토요타에서는 수소를 에너지를 발생시키는 연료로 사용하면 연료 보급이 아주 간단해진다고 설명한다. 간단히 말해 물만 있으면 된다는 것이다. 심지어 바닷물이라도 상관없고, 유해가스도 배출하지 않는다고 한다. 다만 수소로 운행하는 연료 전지 자동차는 시스템이 너무 복잡하다는 단점이 있다.

머스크도 연료 전지 자동차의 실현 가능성을 낮게 본 모양인지, 'Fuel Cell'을 'Fool Cell'이라며 조롱하기도 했다. 하지만 누구에게나 시작은 어렵다. 머스크도 그 사실을 누구보다 잘 알고 있을 것이다.

테슬라의 모델 S는 2013년에 2만 3,000대가 팔렸다. 이 수량은 토요타가 캠리를 출시한 후 20일 만에 팔았던 판매대수와 비슷할 만큼 미미한 판매량이다. 하지만 테슬라의 대중용 전기 자동차인 모델 3가 출시되면 자동차 판매 역사에 또 다른 이정표를 세울 가능성이 높다. 물론 이것 역시 순전히 고객이 어떤 선택을 해줄지에 달려 있다.

머스크는 앞으로 5~6년 내에 테슬라의 전 차종을 무인 운전 시스템으로 바꾸겠다는 포부를 밝히기도 했다. 테슬라는 우선 3년 이내에 반자동 기술을 탑재한 전기 자동차를 생산할 계획이다.

지금으로서는 머스크가 실행하려는 계획이 어떤 결과를 가져올지 아무도 모른다. 사람들에게 좋은 결과를 가져올 수도 있고, 반대로 나쁜 결과를 가져올 수도 있다. 일본의 오우미 상인(보부상으로 부를 일으킨 가문)은 '파는 사람 좋고, 사는 사람 좋고, 그래서 세상에 좋고'라는 상인 철학으로 유명하다. 세상에 좋다면 상상하고 해볼 만한 가치가 있다. 어쩌면 그것으로 우리 모두의 삶이 좋은 방향으로 바뀔 수도 있기 때문이다.

● 기가팩토리, 세계 최대의 리튬 이온 배터리 공장

2014년 9월, 테슬라는 세계 최대 규모의 리튬 이온 배터리 공장인 기가팩토리Gigafactory가 들어설 입지를 네바다 주로 최종 결정했다고 발표했다. 얼마 전까지만 해도 공장을 유치하려고 캘리포니아 주, 텍사스 주, 애리조나 주, 뉴멕시코 주, 네바다 주가 치열한 각축전을 벌였다. 네바다 주에서는 테슬라에 개인소득세와 부동산세 감면 등의 세제혜택을 제시하는 한편, 직원 1명당 최대 1,000달러의 근로자 훈련기금도 지원하겠다고 약속했다.

실제로 네바다 주 의회는 2014년 9월 11일에 감세 등 우대조치에 대한 총 13억 달러의 지원을 약속하는 법안을 가결시켰다. 한 의원은 '후버 댐 이후로 대규모 프로젝트'라며 기쁨을 억누르지 못했다. 참고로 후버 댐Hoover Dam은 1930년대 초 미국 제31대 대통령인 후버가 콜로라도 주에 건설한 댐으로, 당시 이 댐을 건설해 대공황으로 피폐했던 네바다 주의 주민을 많이 고용하고 전력까지 공급해줌으로써 지역경제 활성화에 큰 도움을 주었다. 후버 댐 건설은 공공사업의 성공사례로 널리 알려져 있다.

기가팩토리 부지가 네바다 주로 최종 결정된 날, 머스크는 어린아이처럼 좋아하며 외쳤다.

"지구상에서 주유소를 모두 없애고 싶다!"

테슬라는 파나소닉과 함께 500~1,000에이커의 광대한 부지에 세울 기가팩토리에 50억 달러(약 5조 원)를 투자할 계획이다. 예정대로 2017년에 기가팩토리가 본격적으로 가동되면 6,500명의 직원을 고용하고, 전기 자동차의 생산규모를 2020년까지 연간 50만 대 수준으로 늘릴 계획이다. 그 시점에는 배터리 모듈과 배터리팩 생산을 위한 시스템이 현재의 누미 공장에서 기가팩토리로 모두 이전될 전망이다. 말하자면 기가팩토리만으로도 전기 자동차의 생산체제를 거의 모두 갖출 수 있다.

가장 주목을 끄는 점은 기가팩토리가 완성되면 현재 전기 자동차에서 큰 비중을 차지하는 배터리의 가격이 최대 30%까지 내려갈 것이라는 전망이다. 이 말은 곧 전기 자동차의 대중화 시대가 본격적으로 성큼 다가온다는 사실을 의미한다.

머스크가 밝힌 바에 따르면, 2020년에 기가팩토리에서 생산하는 배터리의 3분의 2는 테슬라 전기 자동차에서 사용하고, 나머지 3분의 1은 다른 자동차업체에 공급하거나 태양광 혹은 풍력 발전용으로 공급할 예정이다. 현재 일본의 토요타와 독일의 다임러와는 이미 배터리 공급 계약이 체결된 상태다. 전체적인 생산량이 늘면 당연히 타 자동차업체에 공급하는 배터리의 양도 늘어날 것이다.

테슬라는 기가팩토리가 완성되어도 차량 조립공정은 지금까지와 마찬가지로 누미 공장에서 계속 진행할 예정이다. 누미 공장은 애초에 GM과 토요타가 합작해 세울 당시에도 연간 50만 대의 자동차를 생산할 수 있도록 만들어졌기 때문에, 지금의 설비로도 충분히 대응이 가능하다.

사실 테슬라 입장에서 기가팩토리를 처음부터 계획하지는 않았지만, 그것 말고는 그들이 계획하는 대중용 전기 자동차인 모델 3를 대량생산할 방법이 없었다. 전기 자동차의 배터리팩에 들어가는 리튬 이온 배터리는 여전히 전 세계적으로 생산량이 그리 많지 않다. 그러니 생산비용도 높을 수밖에 없다. 메이저급 자동차기업들 역시 아직은 전기 자동차 개발에 떨떠름한 입장이다 보니 리튬 이온 배터리에 많은 자본을 투자하려 들지 않는다. 머스크가 "그래서 테슬라가 위험을 안고 뛰어들었다"고 말한 이유도 이러한 상황을 알고 있기 때문이다. 테슬라는 기가팩토리가 완성되어도 당분간은 일본에서 배터리를 공급받으며, 기가팩토리에서는 늘어나는 분량만 처리한다고 밝혔다. 본격적인 대량생산 시스템을 구축하려면 오랜 파트너인 파나소닉의 힘을 빌리면서 테슬라의 배터리 생산 기술력을 높일 필요가 있기 때문이다.

● 모델 3, 자동차 역사의 혁명을 예고하다

기가팩토리에서 생산하는 배터리는 대부분 차후에 출시될 '모델 3'에 사용될 예정이다. 모델 3에는 대중적인 전기 자동차를 확산 보급하려는 테슬라의 야심이 담겨 있다. 사실 모델 3는 당초 '모델 E'라는 프로젝트로 진행했었다. 한정수량 판매를 목표로 한 로드스터를 제외하고, 그 후에 출신된 모델 S, 모델 X에 뒤이어 모델 E를 합치면 'SEX'라는 말 그대로 섹시한 시리즈가 완성된다. 하지만 포드자동차가 자신들이 모델 E에 관한 권리를 갖고 있다고 주장하면서 할 수 없이 모델 3로 명칭을 바꾸었다. 머스크는 그게 언짢았던지 포드자동차가 섹스를 말살시키는Killing sex 행위를 한다고 조롱하더니, 모델 E의 'E'를 회전시키면 그리스어 'Ⅲ' 자가 되기 때문에 모델 3라고 이름을 지었다며 아쉬움을 달랬다.

아직 모델 3의 대략적인 스펙은 공개되지 않았지만 예상가격은 약 3만 5,000달러로 알려져 있다. 그런데 이미 2만 달러대의 전기 자동차인 닛산의 리브와 미쓰비시의 i-MiEV가 출시되어 있다. 두 차종 모두 주행거리는 160km 정도이다. 너무 짧다고 생각되겠지만, 미국 사람 90%의 일상적인 주행거리가 160km 이내라는 통계를 보면 꼭 그렇지는 않아 보인다. 그래도 모델 3는 타사 경쟁모델에 비해 차량가격이 비싼 만큼 주행거리를 200km 이상으로 늘일 가능성이 아주 높다. 게다가 대중용 소형 자동차를 겨냥하는 모델 3는 필연적으로 차체를 20% 정도 축소해야 하므로, 그전 모델에 비해 생산비용을 50% 이상 낮추어야 한다. 하지만 단순히 주행거리가 길다는 장점만으로 테슬라의 비싼 전기 자동차를 구입할 고객은 없다. 이러한 약점에도 불구하고 모델 3가 고객에게 선택을 받기 위해서는 머스크가 말한 대로 고객의 '욕망'을 끌어낼 수 있는 요인이 필연적으로 존재해야 한다. 이것이 바로 테슬라가 앞으로도 지속적으로 고민하고 풀어나가야 할 몫이다.

어쩌면 대중용 전기 자동차의 출현은 우주 로켓 개발이나 화성 여행에 비해 아주 작은 사건으로 보일 수 있다. 하지만 그럼에도 불구하고 테슬라의 모델 3가 출시되면 어떤 식으로든 마차를 대체하는 교통수단으로 만들어진 포드자동차의 첫 작품 모델 T와의 역사적인 비교가 이루어질 것이다.

2020년이 되면 지구상에 연간 1억 대의 자동차가 출시될 전망이다. 이런 상황에서 기가팩토리가 완공되어 테슬라에서 연간 50만대의 전기 자동차를 생산한다 하더라도 전체 자동차 생산량에 비하면 기껏 0.5%에 지나지 않는다. 당연히 0.5%만으로는 세상을 바꾸지 못한다. 바꾸려면 이른바 빅 가이Big Guys라고 부르는 메이저 자동차기업에서 적극적으로 전기 자동차시장에 뛰어들어야 한다. 이런 점에서는 모델 3가 하나의 자극제 역할을 할 수 있다. 또한 그때쯤이면 더 많은 고객이 테슬라의 전기 자동차를 소유하고 싶어 할지도 모른다. 그러면 빅 가이의 사고방식도 달라질 것이고, 결과적으로 테슬라의 사명도 좀 더 빨리 이루어질 수 있다.

그런 의미에서 테슬라는 자사의 전기 자동차를 구매하는 고객을 '개척자pioneer이자, 친선대사ambassador'라고 부르고 있다.

● 하이퍼루프, 음속으로 질주하는 제5의 교통수단

2013년 여름, 머스크는 또 하나의 기가 막힌 상상을 실현해내기로 결정했다. 바로 하이퍼루프Hyperloop라는 미래 교통수단을 만들겠다는 구상이다. 그는 하이퍼루프의 개념을 이렇게 밝히고 있다.

"하이퍼루프는 공기압 튜브로 만들어진다. 튜브 내부는 저압으로 이루어져 있다. 그 안에는 전동 컴프레서 팬이 딸린 캡슐이 들어 있는데, 그 캡슐에 사람이나 물건을 적재한다. 하이퍼루프는 공기의 쿠션을 이용해 시속 1,000km 이상의 속도로 미끄러지듯 전진할 것이다."

시속 1,000km 이상의 속도라면 로스앤젤레스에서 샌프란시스코까지 불과 30분 만에 갈 수 있다는 의미다. 상상조차 되지 않는다. 아무리 과학적 근거를 갖추었더라도 머스크의 상상은 보통사람이 상상하는 틀 자체가 우스꽝스러워지는 거대한 반경을 지녔다고 생각할 수밖에 없다. 만일 머스크가 아닌 다른 사람이 하이퍼루프를 언급했다면 실현되기 불가능한, 조금 심하게 표현하면 정신 나간 사람의 들어볼 가치도 없는 헛소리라고 조롱을 받았을지도 모른다.

2013년 8월 13일, 머스크는 하이퍼루프의 구체적인 개념을 공개했다. 그는 이 자리에서 캘리포니아 주에서 미래 첨단 교통수단으로 계획하고 있는 고속철도가 '너무 늦다'며, 자신이 고안하는 하이퍼루프가 그 대안이 될 수 있다고 자신했다. 그는 BBC와의 인터뷰에서는 일본에서도 머지않아 시속 500km 이상의 신칸센이 개발되는데, 미국이 왜 그에 버금가는 고속 교통수단을 만들지 못하냐며 답답한 표정을 짓기도 했다.

하이퍼루프는 간단히 말해 초음속 열차이다. 앞서 말했듯이 하이퍼루프를 이용하면 로스앤젤레스에서 샌프란시스코까지는 30분, 로스앤젤레스에서 뉴욕까지는 불과 45분 만에 갈 수 있다. 물론 하이퍼루프가 실현되더라도 감속구간이 있기 때문에 거리와 속도가 정확히 비례하지는 않을 것이다. 하지만 현재 로스앤젤레스에서 뉴욕까지 비행기로 이동하는 데 6시간이 걸린다는 점을 감안하면 어마어마한 속도임에는 분명하다. 일본에서 10년 내에 선보일 예정인 시속 500km의 신칸센마저도 하이퍼루프에 비하면 '너무 속도가 느린 교통수단'이 될지도 모른다.

머스크는 하이퍼루프를 '제5의 교통수단'이라고 부른다. 자동차, 기차, 선박, 비행기에 뒤이은 차세대 교통수단이라는 뜻이다. 그는 58쪽에 달하는 긴 분량의 문서를 통해 하이퍼루프의 개념을 설명하고 있다. 그 중 주요 항목을 간단히 살펴보자.

- **콘셉트** : 진공으로 압축된 튜브 속을 차체가 공중부상해서 승객이나 화물을 운송하는 시스템이다. 튜브 속은 공기저항이 거의 발생하지 않기 때문에 음속(시속 1,200km 이상)에 가까운 속도를 낼 수 있다.
- **차체 디자인** : 하이퍼루프는 공중부상 기능을 최적화시켜 승객이 쾌적함을 느낄 수 있도록 차체 앞부분이 전투기처럼 뾰족한 형태로

● 머스크가 구상하고 있는 하이퍼루프 조감도

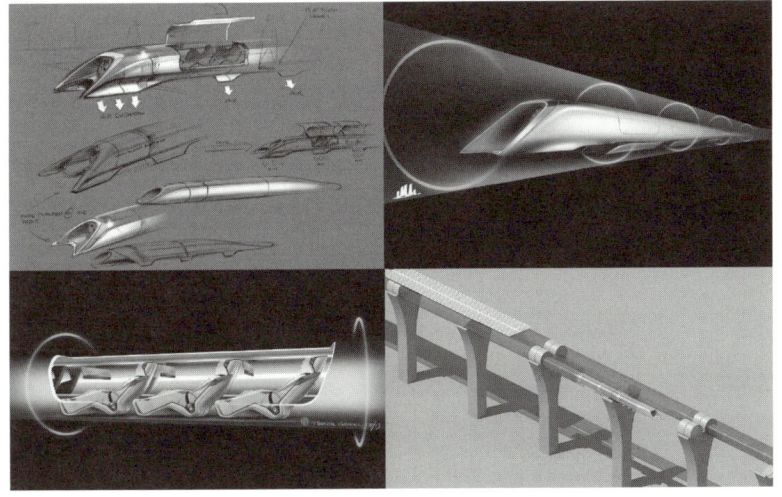

'하이퍼루프는 자동차, 기차, 선박, 비행기에 뒤이은
제5의 교통수단이 될 것이다.'
머스크의 상상은 보통사람이 상상하는 틀 자체가
우스꽝스러워지는 거대한 반경을 지녔다.

되어 있다. 차체의 구체적인 재질이나 구성요소 등에 대해서는 아직 발표되지 않은 상태다.

- **객차** : 차량 한 칸에 탑승할 수 있는 정원은 28명 정도이다. 좌석은 가속에 따른 중력을 고려해서 고성능 레이싱 자동차처럼 낮고 깊숙한 형태, 이른바 리클라이닝reclining 좌석으로 설계되어 있다.

- **차체 구조** : 차체 전면에는 공기 흡입구가 설계되어 있다. 여기서 빨아들인 공기를 컴프레서로 압축시켜 압력을 높인다. 압축시킨 공기를 차체 밑부분의 서스펜션 장치로 뿜어냄으로써 공중부상을 가능하게 만드는 시스템이다. 자기磁氣부상 열차가 공중부상과 추진력을 모두 자기로 충당하는 반면, 하이퍼루프는 각각의 구조를 독립적인 시스템으로 만들 예정이다. 참고로 우리나라에서도 2014년 완성 예정으로 자기부상 열차를 개발 중이다. 이 열차가 완성되면 인천국제공항역에서 용유역까지 약 6.1km의 구간을 시험운행할 계획이라고 한다. 자기부상 열차는 레일에서 8mm 떠서 달리기 때문에 조용하면서도 빠른 속도를 낼 수 있다.

- **튜브** : 하이퍼루프가 달릴 튜브 안의 압력은 약 0.001기압(100pa, 0.75torr)으로 유지된다. 이 수치는 대기압의 100분의 1에 해당한다. 머스크는 튜브의 용적을 최소화하려면 교각橋脚을 상당히 슬림하게 설계할 필요가 있다고 설명하고 있다.

- **노선** : 로스앤젤레스와 샌프란시스코를 잇는 전체 길이 약 610km의 구간이 설정되어 있다. 대부분 산간지대를 통과하는 경로이다. 이 본선本線 이외에도 라스베이거스, 샌디에이고, 새크라멘토 등으로 갈라지는 지선支線 설치도 구상 중이다. 하지만 본선만 건설하는

데에도 20년 이상은 필요하다고 한다. 예상경로를 그려놓은 상상도를 보면 도시, 산간지대, 호수를 가로지르는 구간으로 설정되어 있음을 알 수 있다.

- **구간속도 및 주행속도** : 최고 속도는 시속 1,220km이고, 가속에 동반하는 중력가속도는 최대라도 0.5G^{G-force}이다. 중력가속도는 중력의 영향으로 생성되는 운동 가속도를 말한다. 1G는 우리가 평상시 생활하면서 느끼지 못하는 속도이다. 2G는 롤러코스트를 타는 정도의 속도이다. 5G면 갑자기 눈앞이 캄캄해지고 어지럼증이 느껴지는 블랙아웃 현상이 나타나는데, G-SUIT(가속도의 영향을 최소화시키기 위해서 입는 일종의 항공복)를 착용하면 이 현상을 방지할 수 있다. 보통 일반 사람들은 7G 정도에 한계를 느끼지만, 우주 비행사들은 12G에도 견딜 수 있는 훈련을 받는다고 한다. 그렇다면 중력가속도 0.5G인 하이퍼루프를 타도 전혀 몸에 무리가 가지 않는다는 뜻이다
- **건설비용** : 하이프루프 차체 제작에 최대 약 6,100만 달러(약 610억 원), 그 밖에 역이나 튜브, 진공펌프 등 인프라 건설 등에 들어가는 비용까지 합해 총비용을 약 75억 달러(약 7조 5,000억 원)로 예상하고 있다.

최근 하이퍼루프 사업을 총괄하는 HTT^{Hyperloop Transportation Technologies} 측에서 발표한 자료에 따르면, 2016년 내에 캘리포니아 키 벨리에 8km 길이의 하이퍼루프 테스트용 트랙을 건설하고, 28명이 탑승할 수 있는 하이퍼루프용 캡슐을 제작해 시험운행에 들어갈 예정이라고 한다.

03

화성을 누구라도
갈 수 있는 곳으로 만들겠다

Elon Musk

● 그래서 나는 화성으로 간다

그런데 이 정도로 사람들을 놀라게 하고 뒤로 한 걸음 빠질 머스크가 아니다. 그는 하이퍼루프 구상에 이어 멀티 플래닛Muiti Planet 프로젝트도 진행하고 있다고 밝혔다. 그의 말마따나 일하고 또 일하는 그의 진면목이 드러나는 대목이다.

멀티 플래닛 프로젝트는 한 마디로 화성에 인류를 보내는 프로젝트이다. 우주선 이름도 이미 정했다. '팰컨 헤비.'

헤비heavy라는 이름에서 추측할 수 있듯이 팰컨 헤비는 팰컨 9을 3개 합친 크기의 초대형 우주선이다. 엔진은 무려 27개, 무게는 53t이라고 한다.

'과연 팰컨 헤비에 탈 사람이 있을까?'

이러한 궁금증에 대해 머스크는 다음과 같이 밝히고 있다.

"21세기 후반이 되면 지구의 인구는 80억 명이 된다. 만일 100만 명

● 스페이스X의 팰컨 헤비

'지구가 아닌 다른 행성에서 생활하기.'
엘런 머스크가 대학 시절 상상했던 미션은
조금씩 '눈에 보이는 현실'로 나타나고 있다.

에 1명꼴로 화성을 가겠다는 사람이 있으면 그 수는 8만 명이다. 그렇다면 화성 행 우주 여행비를 1인당 50만 달러로 잡아도 수지타산은 맞는 셈이다."

충분히 수긍이 가는 발상이다.

그런데 머스크만 화성에 관심을 가진 것은 아닌 모양이다. 네덜란드의 비영리재단인 마스 원Mars One은 2022년 발사 예정으로 화성에 갈 사람들을 모집했다. 화성 도착 예상기간은 약 7개월. 2013년 4월에 모집을 시작했는데 불과 2주 만에 전 세계에서 7만 8,000명이 응모했다고 한다.

더욱 놀랄 일은 마스 원에서 계획하는 화성 행 우주선이 편도 티켓One way ticket이라는 점이다. 즉, 일단 그 우주선을 타고 화성에 가면 돌아오지 못한다. 그럼에도 불구하고 지구상에 화성에 관심이 많은 사람이 이렇게 많다. 그렇다면 마스 원이 화성 프로젝트를 어떻게 진행할 예정인지 살펴보자.

먼저 마스 원은 자체적으로 화성으로 갈 우주선을 제작하지 않고, 이미 개발된 테크놀로지를 이용할 계획이다. 이를테면 테슬라에서 전기자동차를 개발할 때 기존의 리튬 이온 배터리를 이용한 방식과 같은 커머디티 전략을 구사하려는 의도이다.

화성 우주선에서 사용되는 기자재는 미국, 캐나다, 이탈리아, 영국, 네덜란드 등지에서 조달 받는다. 하지만 화성으로 갈 우주선, 화성에서 인류가 거주하기 위한 테크놀로지는 꽤 복잡하고, 게다가 위험하기까지 해서 마스 원의 계획대로 지구에서 모두 조달할 가능성이 있는지 의문이 든다. 하지만 마스 원은 자신이 있는 모양이다.

가령, 머스크가 이끄는 스페이스X는 이미 수차례에 걸쳐 국제우주정거장까지 무인 로켓을 발사하는 데 성공했다. 마스 원은 현재 개발 중인 팰컨 헤비를 조달받을 생각으로 스페이스X와 협의하고 있다.

또 하나 마스 원에서 스페이스X로부터 조달받고 싶어 하는 것은 화성에 도착해서 사용할 착륙 캡슐이다. 이들이 생각하는 착륙 캡슐은 국제우주정거장에서 지구로 귀환할 때 스페이스X에서 사용하는 것과 비슷하지만, 현재의 반경 3.6m 짜리가 아닌 반경 5m의 캡슐이 필요하다.

마스 원은 생명유지 장치, 로버Rover라고 부르는 행성을 탐사하는 자동 탐색차, 화성용 우주복은 이미 실현이 완료되었다고 밝히고 있다. 물론 현재로서는 구할 수 없는 특정 목적 수행장치나 기계가 있다면 원점에서 개발할 필요가 있겠지만, 그렇다고 마스 원 자체적으로 이것들을 제작할 계획은 없다고 한다. 마스 원은 철저하게 기존에 이미 구축되어 있는 장비를 구입하는 방식으로 화성 행 우주선 발사 및 착륙 미션을 수행할 예정이다.

이런 점에서 마스 원은 NASA나 ESAEuropean Space Agency(유럽우주기구)와는 전혀 성격이 다른 조직이다. NASA나 ESA는 정치적 조직이라는 한계가 있기 때문에 그들의 영역 밖에서 부품이나 기자재를 조달받기가 쉽지 않다. 게다가 외부에 뛰어난 소재가 있어도 좀체 사용할 수 없다. 국가적 이해가 달려 있는 데에다, 조직의 덩치가 워낙 커서 상황변화에 기민하게 대응하는 능력도 떨어진다. 반면에 마스 원은 그런 측면에서 비교적 자유롭다. 전문가의 의견을 청취해서 세계 어디에서라도 최고의 시스템을 찾아 활용할 수 있다. 즉, NASA나 ESA보다는 훨씬 빠르고 저렴하게 중요한 장비나 시스템을 갖출 수 있다.

마스 원의 화성 유인 우주선 프로젝트의 공식 명칭은 '스페이스 원 Space One'이다. 앞서 말했듯이 스페이스 원 미션은 2022년에 개시될 예정이다. 원래 화성에 우주선을 보내는 데 적합한 시기는 지구와 화성의 궤도위치 상 26개월에 한 번밖에 찾아오지 않는다. 그조차 2~3개월에 불과하다. 그런데 스페이스 원 미션을 수행하려면 먼저 무인 우주선을 화성에 착륙시켜서 테크놀로지에 문제가 없다는 사실을 입증해야 한다. 그 다음에는 자동 탐색차 로버를 가동시켜서 인류가 거주하기 적합한 위치를 찾아내야 한다. 여기서 중요한 점은 평지라야 하고 토양에 물이 충분히 있는 곳이어야 한다는 것이다.

이러한 요건이 충족되면 2018년과 2020년 2회에 걸쳐 화성에 대량의 화물을 보낼 계획이다. 여기에 포함되는 화물로는, 간편한 거주 설비 유닛 2대, 인류가 화성에 도착하기 전에 전초기지를 건설할 로봇, 생명유지 장치 2대, 예비 로버 1대 등이 있다. 또한 인류가 지구에서 화성까지 가는 도중에 기착할 작은 우주 정거장도 필요하다. 그런 후에 비로소 2022년에 인류가 화성으로 출발한다. 그들이 화성에 도착하는 시기는 1년 후인 2023년이 될 예정이다.

그렇다면 어떤 사람들이 스페이스 원 미션에 참가할 티켓을 쥐게 될까? 앞서 말했듯이 이 미션의 최대 특징은 화성에 가는 편도 티켓이라는 점이다. 말 그대로 지구를 영원히 떠나 남은 인생을 화성에서 보내야 한다. 아직까지 화성에 간 사람을 지구로 돌려보내는 테크놀로지는 갖춰져 있지 않다. 그러려면 지구에서 우주 로켓을 발사할 때 쓰는 것 이상의 거대한 장치가 화성에도 있어야 한다. 또한 만에 하나 그러한 테크놀로지가 존재한다고 해도 화성에는 우주 로켓을 조립할 공장도

● 마스 원 홈페이지(www.mars-one.com)에 있는 화성 거주 유닛 조감도

'한 번 화성에 가면 영원히 지구로 돌아올 수 없다!'
One Way Ticket…
그럼에도 불구하고,
마스 원의 스페이스 원 미션에는
불과 2주 만에 전 세계에서 7만 8,000명이 응모했다.

사람도 없을뿐더러, 이 모든 것이 갖춰져 있다 하더라도 화성으로 갈 때 드는 예상비용의 100배 이상이 필요하다는 현실적인 문제가 있다.

그럼에도 불구하고 여전히 화성에 가고 싶다는 사람들이 많다. 마스 원이 발표한 자료에 따르면, 30유로(약 4만 3,000원)의 참가비를 내고 일정 자격만 갖추면 누구나 스페이스 원 미션에 지원할 수 있다고 한다. 그러다 보니 앞서 말한 대로 불과 2주 만에 전 세계에서 7만 8,000명이 응모했다. 마스 원의 관계자들조차 이러한 상황이 흥미롭게 생각되어서 지원자들을 대상으로 '왜 화성에 가고 싶은지'에 대한 설문조사를 진행했다. 그러자 순식간에 5,000통의 메일이 쏟아졌는데, 의견을 종합하기 어려울 정도로 이유가 제각각이었다.

'지구에서도 좋은 인생을 보내고 있지만, 이 미션에 참가하면 내 인생은 영원해질 것 같다.'

'인생을 의미 있게 만들고 싶다.'

'유명해지고 싶다.'

'모험을 즐기는 성격이라, 미지의 공간에서 모험을 즐기고 싶다.'

가면 영원히 돌아오지 못하는 편도 티켓이라는 점을 들어 간간히 언론에서 비인도적이라는 취지의 비난 기사를 싣기도 했지만, 의외로 화성에 가려는 사람들의 동기는 순수하고 평범했다. 이쯤 되면 우주를 향한 상상의 틀이 서서히 일반화·대중화된다는 의미로 받아들여도 좋을 듯하다.

● 지구든 화성이든 생존의 화두는 '신뢰'와 '화합'이다

그렇다면 마스 원에서 요구하는 '화성에 갈 수 있는 자격'이란 무엇일까? 언뜻 생각하기에는 엔지니어, 의사처럼 구체적이고 전문적인 기능을 갖춘 사람이 필요할 것 같다. 그런데 NASA에서 오랫동안 근무하고, 현재 마스 원에서 의료 디렉터로 활동하고 있는 노버드는 가장 중요한 자질은 '건강하고 머리가 뛰어난 사람'이라고 한다. 그의 표현에 따르면 '무인도에서 영원히 함께 살아도 좋을 만한 사람'이다. 말하자면 상대를 신뢰하고, 문제를 해결해나가는 과정에서 서로의 신경을 건드리지 않는 관계가 가능한 사람이어야 한다.

화성에서 분열이 생기고 싸움이 일어나면 절대 안 된다. 리드할 때는 과감히 리드하고, 따를 때는 기꺼이 따라주는 성격의 소유자가 화성의 첫 인류에 알맞은 사람이다. 실제로 NASA에서 우주 비행사를 선발할 때에도 개인 역량보다는 팀워크에 중점을 둔다고 한다. 우주 공간에서 한 사람이 폭탄이 되면 나머지 팀원들도 전멸하기 때문이다.

여담이지만 경영학에서는 조직에 해악을 끼치는 직원을 테러리스트라고 부르기도 한다. 그 한 사람 때문에 기업 전체가 흔들릴 수 있다. 우주이든 지구이든 결국은 인간의 성격이 생사를 포함한 모든 것을 좌우하기 마련이다.

마스 원에서는 그러한 조건에 맞는 사람들을 선발해서 8년 동안 생명유지 장치의 수리, 골절 등 부상을 입었을 때 치료하거나 간단한 수술을 할 수 있는 훈련을 받게 할 예정이다. 마스 원은 건강하고 머리만 잘 돌아가면 누구든지 훈련을 통해 이러한 기능을 습득할 수 있다고 강조한다.

마스 원의 첫 번째 스페이스 원 미션에 참가할 인원의 선발과정은 이렇게 진행된다. 일단 18세 이상이면 누구나 지원이 가능하도록 하되, 그중에서 적성이 부족하다고 판단되는 사람들은 제외시킬 예정이다. 이것이 1단계 선발이다. 2단계부터는 국제적인 선발 프로그램에 따라 세계 각 지역에 있는 선발위원 3명이 면접을 실시한다.

다음 3단계가 재밌다. 세계 각국의 국민들이 스페이스 원 미션에 참가하기를 바라는 자국민 1명을 직접 선발한다. 즉, 세계 각국의 우주대사인 셈이다.

이렇게 총 3단계의 과정을 통해, 자국민이 뽑은 1명, 세계 각 지역의 선발위원 3명이 각 나라에서 선발한 2명, 마스 원에서 자체적으로 선발한 인원을 합쳐 다시 한 번 최종 선발과정을 거친다. 최종 후보로 선택된 사람들은 2015년에서 2018년까지 각 팀당 4명씩 6~12개 팀으로 편성되어 훈련을 받는다. 마스 원은 되도록 다양한 인종과 국가를 배려해서 팀을 꾸릴 계획이지만, 어디까지나 팀의 화합정신을 최우선으로 삼겠다는 의지를 밝히고 있다.

2022년이 오면 비로소 화성으로 날아갈 최종 후보를 결정한다. 현재는 4명 정도로 예상하고 있다. 마스 원에서는 연령과 성별을 어떻게 조합시킬지도 구상하고 있다. 일단 화성처럼 고립된 상황에서는 남녀가 함께 있는 것이 바람직하다는 생각이다. 하지만 남녀비율을 동등하게 배분하기 보다는 역시 팀 화합에 무게를 두겠다고 한다. 물론 마스 원 나름대로 여러 조합을 실증해 보겠지만, 연령별 구성은 28~60세, 혹은 65세까지가 될 듯하다. 현재 지원 가능 최소 연령 18세인 사람이 화성에 갈 무렵이면 28세가 되기 때문이다. 또한 막상 출발하는 시점에 너무 나이가 많으면 체력적인 측면에서 힘들어진다는 점도 고려해야 한다.

화성에 처음 도착하는 팀을 위해 전초기지가 마련되겠지만, 거기서 살려면 많은 공사가 필요하다. 또한 두 번째 팀을 보내기 전에 지구에서 화물을 보내기 때문에, 그 화물을 받아 두 번째 팀을 위한 거주준비도 갖추어야 한다.

화성에서의 작업은 대부분 인류가 거주하기 위한 기초공사에 할당된다. 또한 식물 재배도 중요한 만큼 서둘러야 한다. 아무리 처음에는 4명의 식량만 있으면 된다지만, 장기적으로 자급자족을 한다는 것이 매우 힘들고 어려운 일이 될 수 있다. 어쩌면 쓸 수 있는 시간의 절반을 식물 재배에 할애해야 할지도 모른다.

식용을 포함한 물은 처음부터 화성의 토양에서 채취해야 한다. 물이 있다면 산소도 만들 수 있다는 것이고, 화성에는 지구와 마찬가지로 질소도 있기 때문에 얼마든지 식물 재배가 가능하다.

화성 탐사 역시 중요한 미션이다. 이 미션은 거주에 필요한 준비가 완료되는 대로 최대한 빨리 시행해야 한다. 아마도 그때쯤이면 인류의 모든 눈과 귀는 화성으로 향하고 있을 것이다.

아무리 지구에서 혹독한 훈련을 받더라도, 화성이라는 미지의 공간에서의 생활은 심리적으로 많은 동요가 따른다. 누구를 막론하고 매시간 도전적인 환경이 펼쳐지게 된다. 특히 지표면이 붉어서 붉은 행성이라고도 불리는 화성은 상당히 강한 방사선에 노출되어 있는 곳이다. 게다가 화성은 평균 표면 대기온도가 마이너스 23도이며 최저 마이너스 100도까지 내려가는 매우 추운 행성이다.

이밖에도 NASA의 무인 우주선이 촬영한 영상을 보면 화성에는 가파른 절벽, 바위투성이 계곡이 즐비하다. 길이가 무려 4,500km에 이르는 계곡도 있다. 지름 600km, 높이 2km가 넘는 '올림푸스몬스'라고 불리는 화산은 태양계에서 가장 규모가 큰 것으로 알려져 있다.

지구보다 작은 행성인 화성은 공전궤도가 타원형이라 지구로부터의 거리가 일정하지 않다. 하루는 지구 시간으로 24.5시간이고 1년은 약 687일이다. 지구처럼 자전축이 기울어져 있고 대기를 가지고 있어서 사계절이 존재한다. 한편, 화성으로 가는 사람들과 지구에 남아 있는 사람들의 커뮤니케이션 자체는 어렵지 않다. 다만 전화로 직접 통화하기는 어렵다. 지구와 화성이 가장 가까울 때라도 7~8분, 태양을 끼고 반대편에 있을 시간이면 21분이 늦어진다. 때로는 거리 차이에 따라 40~50분이 걸리기도 한다. 하지만 비디오를 통해 커뮤니케이션을 나누는 방법도 있다고 마스 원은 밝히고 있다.

마스 원의 스페이스 원 미션에는 지원자들을 화성의 환경과 비슷하게 모의로 만든 고립된 공간에서 매년 3개월씩 8년 동안 생활하게 한다는 계획이 포함되어 있다. 가령, 이 공간에서 지원자들은 생명유지 장치가 갑자기 작동하지 않거나, 거주 유닛에 비가 새거나, 혹은 물 공급이 없어지면 어떻게 할지를 스스로 판단해서 대처해야 한다. 마스 원에서는 그런 긴박하고 초조한 순간에도 팀워크가 원활히 작동되는지를 유심히 시험해 볼 예정이다.

이미 1990년대 초에 미국 애리조나 주에서 한 연구팀이 이와 유사한 실험을 해본 적이 있다. 화성에서의 생활을 대비한 인공 생물권 '바이오스피어Biosphere 2'라는 폐쇄공간에서 연구팀이 2년 동안 직접 생활하는 실험을 했다. 이 실험은 지구가 아닌 다른 행성에서 인류가 살게 되면 어떤 변화를 맞을 것인가, 라는 심각하고 미래적인 테마로 진행된, 말 그대로 인간 실험The Human Experiment이었다. 1,275헥타르의 공간에 거대한 돔 형태로 만들어진 바이오스피어 2 내부에는 열대우림, 사바나, 사막, 습지, 대양의 다섯 군데 구역이 각각 조성되어 있고, 인간 거주구역과 가축 거주구역이 별도로 구성되어 있다. 이 실험에 참여한 사람은 그 공간 안에 있는 주방, 실험실, 기계공작실 등에서 각각의 임무를 수행하면서 일체 바깥으로 나오지 못하도록 했다. 바이오스피어 2 안에 갖춘 3,800종류의 식물과 동물은 전 세계에서 모아왔다.

첫 팀은 2년이라는 기간 동안 훌륭히 임무를 수행하고 바깥으로 나왔지만, 두 번째 팀은 팀워크가 맞지 않아 도중에 프로젝트가 중단되었다. 바이오스피어 2에 투입된 첫 팀은 산소가 예상 외로 부족해지는 사태를 맞기도 했다. 내부 콘크리트가 산소를 흡수한다는 사실을 계산에 넣지 못했기 때문이다. 그 외에도 그들은 전혀 예상하지 못한 여러 문제에 부딪쳤지만 마지막까지 훌륭히 임무를 수행했다. 덕분에 사람들은 바이오스피어 2 내부에서 어떤 문제가 생겼으며, 어떤 조치를 취했고, 팀원들 간의 갈등은 어떻게 해결되었는지를 상세히 알 수 있었다.

사람들이 모여 있는 공간에는 다른 의견이나 생각이 있는 것이 당연하다. 그래서 부딪치기도 하고 감정이 상하기도 한다. 하지만 사람마다 의견이나 생각이 다르기 때문에 팀 전체로서 문제를 해결하려고 노력한다. 그리고 그러한 과정을 통해 새롭고 활기찬 팀워크가 창조되면서 팀이 이전보다 단단해진다. 바로 이것이 바이오스피어 2에서 생활한 사람들이 말 못할 고생을 겪으며 얻어낸 알찬 교훈이다.

● 미국 애리조나 주에 위치한 '바이오스피어(Biosphere) 2' 전경

'지구가 아닌 다른 행성에서 인류가 살게 되면 어떤 변화를 맞을 것인가.'
사람들이 모인 공간에는 다른 의견이나 생각이 있는 것이 당연하다.
하지만 팀 전체의 문제로 받아들이면 새롭고 활기찬 팀워크가 창조된다.
이것이 바이오스피어 2에서의 체험을 통해 얻어낸 알찬 교훈이다.

● 화성을 향하는 목표는 인류의 창조적 원동력이다

앞서 말했듯이 스페이스 원 미션에 따라 1차로 화성에 간 사람들은 지구로 돌아오지 못한다. 하지만 언젠가는 이들을 다시 지구로 돌려보낼 테크놀로지가 개발될 수도 있다. 마스 원에서는 이 시점을 1차 팀이 화성에 도착한 후 10~20년이면 가능할 것으로 예상하고 있다. 만일 이것이 실현된다면, 화성에 도착한 사람이 늦어도 20년 후면 지구로 귀환할 수 있다는 말이 된다.

하지만 현실적으로는 여전히 쉽지 않아 보인다. 일단 화성의 저중력 환경이 몸에 적응되면 골밀도가 크게 떨어진다. 또한 체력도 화성에 가기 전보다 60% 정도로 떨어져 있을 가능성이 높다. 지구까지 돌아오는 시간이 6개월 이상 걸린다는 점을 감안하면, 이러한 몸 상태에서 지구로 생환할 가능성은 거의 제로에 가깝다. 결국 스페이스 원 미션은 참가자들에게 말 그대로 인생에 단 한 번뿐인 기회(ONCE-IN-A-LIFETIME)가 될 것이다. 아마 그들 중 어떤 이들은 화성에서 결혼하고, 아이를 낳고 세대를 이어갈지도 모른다.

엘런 머스크는 지구의 환경이 갈수록 악화되기 때문에 하루라도 빨리 인류를 화성에 이주시킬 준비를 해야 한다고 주장한다. 하지만 지구가 10년 이내에 파멸될 가능성은 거의 없다. 반면에 뭔가 잘못된 일이 생길 수도 있다. 그런데 기계 엔지니어링 석사 학위를 갖고 있으며, 2011년에 마스 원을 공동 창업한 네덜란드 출신의 바스 랜드로프Bas Lansdrop는 약간 다른 견해를 갖고 있다. 그의 말에 따르면, 일반인이 생각하듯이 화성을 과학적으로 연구하는 것만이 중요한 과제는 아니라고 한다.

물론 지구보다 역사가 오래된 화성을 탐구함으로써 태양계 또는 인류 역사에 대해 새로운 시점을 얻을 수도 있다. 또한 화성에서 생물이 발견되면 그야말로 위대한 과학적 성과가 된다. 더구나 지구와 화성에 모두 생물이 존재한다면, 다른 행성에도 생물이 존재할 가능성이 훨씬 높아진다.

하지만 랜드로프는 화성을 향하는 목표가 인류의 창조적 원동력이라고 역설한다. 지금 지구에는 테러와 전쟁 등이 끊이지 않는다. 태풍, 홍수, 쓰나미 등도 자주 그리고 급작스럽게 발생하고 있다. 게다가 경제 위기도 사람들의 숨쉬기를 괴롭게 만든다. 그나마 지금까지 지구가 버틸 수 있었던 이유는 사람들이 힘과 열정을 좋은 방향으로 모아왔기 때문이다. 지구는 태양계 전체에서 바라보면 보잘 것 없이 작은 행성이다. 그렇기에 화성 이주 프로젝트는 사람들의 미래를 일정한 방향으로 모을 좋은 계기가 될 수 있다. 마스 원이 세계 사람들을 화성 탐사라는 미션에 끌어들이고 있는 이유도 그 때문이다.

마스 원은 비영리단체이지만 세계적인 문화 콘텐츠기업인 IMG Interplanetary Media Group의 과반수 주주이기도 하다. 그래서 스페이스 원 미션에 필요한 자금 운영은 IMG가 맡고 있다. 이 미션을 준비하는 초기에는 막대한 비용이 들어가기 때문에 필수적으로 투자를 받아야 하는데, 마스 원과 달리 영리단체인 IMG는 투자 유치가 가능하다. 처음에는 기업의 투자, 일반인의 기부가 IMG의 수입원이 되겠지만, 머지않아 막강한 스폰서 기업을 찾을 계획이다.

마스 원의 계획대로 4명으로 구성된 첫 번째 팀을 화성에 보내려면 약 60억 달러가 든다. 하지만 단계적인 과정을 거치면서 비용이 발생하기 때문에 이 돈이 한꺼번에 들지는 않는다. IMG는 자금 마련책으로 스페이스 원 미션의 방영권을 팔아서 고정적인 수입원을 확보할 계획이다. 이를테면 올림픽 운영과 비슷하다. 제30회 런던 올림픽 주최 측은 방영권을 팔고 스폰서 기업을 모집해 약 40억 달러의 수입을 벌어들였다. 올림픽 개최기간은 불과 17일이었다. 만일 화성에 인류가 거주한다면 올림픽에 비교할 수 없는 지구 최고의 이벤트가 된다. 누구를 막론하고 텔레비전을 시청할 것이다. 인터넷도 이미 40억 명 이상에게 보급되어 있다. 만일 성공한다면 참신하고 미래적인 사업모델로 각광을 받을 수 있다.

물론 2년쯤 지나면 시청률이 떨어지겠지만, 그때쯤이면 스페이스 원 미션에 들어가는 비용도 줄어든다. 마스 원은 두 번째부터는 40억 달러면 되리라고 예측하고 있다.

한편, 스페이스 원 미션이 거듭될수록 화성에서 인류가 할 일에도 당연히 변화가 생긴다. 처음에는 거주를 위한 건설공사와 식물 재배 등의 1차 미션이 중심이 되겠지만, 그 후에는 우주 정거장 건설 등이 주요 미션이 되고, 또한 화성에서 플라스틱, 콘크리트 등의 소재를 만들어 거주 유닛을 건설하거나 발전發電 시스템을 구축하는 미션도 수행하게 된다. 발전 시스템의 경우 현재 구상으로는 태양광 패널을 통해 태양광 에너지를 이용할 계획이지만, 소수의 인원으로 원하는 모두를 만들어낼 수는 없을 것이다.

스페이스 원 미션은 초미래적인 구상이다. 극도로 복잡한 테크놀로지가 관여되기 때문에 어디서 어떻게 문제가 발생할지 모른다. 그럼에도 불구하고 우리 모두가 필연적으로 안아야 할 리스크임에는 틀림없다. 마스 원의 프로젝트가 성공해서 수십 년이 흐르면 지구에 살고 있는 누구라도 자유롭게 화성에 갈 수 있을지 모른다. 상상하면 그것이 현실이 되는 세상에 우리는 살고 있다.

한편, 인류의 화성 이주와 관련해 또 다른 사업모델을 구상하고 있는 기업이 있다. 바로 머스크가 공동 창업한 페이팔에서 기획하고 있는 우주 행성 간 결제 시스템이다. 우주 공간에서는 지구에서 사용하는 화폐가 무용지물이 되기 때문이다. 이쯤 되면 화성이란 존재가 이미 우리의 일상생활에 들어와 있다고 해도 허튼 소리는 아니다.

전 세계를 통틀어 우주 비행사는 500명 남짓이다. 우주 비행사가 되려면 자격도 까다롭고 엄격하지만, 무엇보다 돈이 많이 든다. 한 사람당 수천만 달러가 소요된다. 또한 우주라는 광활한 공간을 두고 벌이는 경쟁자가 아직은 드물어서 그 비용이 내려갈 조짐은 없다.

자동차도 처음 세상에 선보였을 때에는 꽤 비싼 상품이었지만, 대중화를 지향하며 값싸게 내놓으면서부터 많이 팔리기 시작했다. 앞으로는 우주와 관련된 상품들도 이와 비슷한 과정을 거쳐 대중화가 시작될 것이다. 세계 각국에서 우주 경쟁에 뛰어들면 민간기업 입장에서도 미래의 사업거리를 눈앞에 두고 수수방관할 수만은 없다. 이런 식으로 우주와 관련된 사업, 상품, 신기술, 신개발이 마구 쏟아질 것으로 전망된다.

그중에서도 가장 우선시되는 사업은 머스크가 스페이스X를 통해 직접 보여주었듯이, 이미 세상에 존재하는 테크놀로지를 이용해 기존보다 저렴한 비용으로 로켓을 제조하는 일이다. 그러려면 다음과 같은 방식이 필수적이다.

첫째, 신소재가 아닌 일반적으로 통용되고 있는, 이른바 범용성이 있는 소재와 재료를 활용해야 한다. 하지만 GPS같은 기기는 각국의 군사적인 방어전략이 얽혀있기 때문에 아무리 우주 공간이라도 마음대로 사용하기에는 제한이 따른다. 따라서 기본적으로 범용성을 추구하되 새롭게 개발해야 할 부문에 대해서는 과감한 투자가 필요하다.

둘째, 가공이 용이해야 한다. 우주에서는 가급적 단순한 장치가 훨씬 쓸모 있다. 제조하기도 쉽고, 고장 시 수리도 용이하기 때문이다.

셋째, 전문화된 테크놀로지에 전적으로 의지하지 않아야 한다. 가령, 섭씨 4,000도 이상이면 거의 대부분의 금속이 녹기 때문에 로켓에는 재생 냉각엔진이 장착된다. 그런데 이 재생 냉각엔진의 구조가 꽤 복잡하다. 하지만 최신 기술인 3D 프린터 같은 최신 테크놀로지를 활용하면 보다 쉽게 만들면서 비용절감의 효과까지 누릴 수 있다.

괴짜 기업가로 유명한 버진 그룹Virgin Group의 리처드 브랜슨Richard Branson 회장은 뉴욕에서 도쿄까지 1시간이면 갈 수 있는 극초음속 비행기를 개발하겠다고 공언했다. 그는 우주 여행에 관한 프로젝트도 진행 중인데 우주 여행선을 수송기에 싣고 14km 상공에 도달하면 자체 동력으로 대기권에 진입, 100km 상공에서 2시간 정도 우주 여행을 하다가 돌아오는 우주 관광상품을 구상하고 있다. 말하자면 대기권을 빠져나가 다시 지구로 돌아오는 탄도비행이다. 이 상품은 한 사람당 가격이 20만 달러나 됨에도 불구하고 이미 많은 사람들이 예약을 해놓았다고 한다. 다만 브랜슨의 구상은 일반 사람들에게는 우주 탐험이라기 보다는 부자들에게 별난 경험을 제공하는 정도의 사업으로 인식되고 있다.

한편, 현재 마스 원 외에도 마스 소사이어티, 마스 드라이브, 익스플로러 마스 같은 단체에서도 스페이스 원과 유사한 계획을 가지고 있다고 한다. 그런데 이들은 왜 화성을 선택했을까?

먼 미래는 나와 상관이 없다고 생각하는 사람이 많다. 가령, 천문학은 별을 관측하거나 연구하는 학문이다. 얼핏 로맨틱하고 순수한 학문처럼 보일 수 있지만, 막상 천문학을 전공하는 사람들 중에는 중도에 포기하는 경우가 많다. 천문학은 일반적인 생각처럼 별들의 감성적인 스토리나 점성술을 공부하는 학문이 아니라 어디까지나 천체물리학 영역에 해당한다. 기초과학 분야로 노벨상을 받은 사람들은 그 연구가 지금 당장 쓸모 있느냐는 질문에 섣불리 대답을 못한다. 그들이 연구하는 학문은 어림잡아 100년 후에야 실제로 써 먹을 수 있는 경우도 많기 때문이다. 천문학도 지금 당장은 실생활에 도움이 되지 않는다. 먼 미래를 위해, 후손을 위해 준비하는 학문이다. 일본의 후쿠시마 원전사고 후에 학자들은 곧장 해당 지역의 생태계 조사에 착수했다. 그런데 원전사고 전에 충분히 후쿠시마의 생태계를 조사한 적이 없다 보니, 사고 전과 후에 무엇이 변했고 사라졌는지 비교할 방법이 없었다고 한다.

인류가 화성에 가려는 이유 역시 지금 당장 무엇을 해보려는 목적 때문이 아니다. 인류가 화성으로 가야할 이유가 생겼을 때 준비하면 너무 늦기 때문이다. 이제 인류는 먼 시선으로 바라보는 일에 좀 더 익숙해져야 한다.

04

세상의 모든 진보는
비합리적인 손에서 창조된다

Elon Musk

● 스티브 잡스와 엘런 머스크, 두 천재의 조우

테슬라의 기업명에 영감을 준 과학자 니콜라 테슬라가 평생 매달린 일은 '전선 없이 전기를 보내는 방법'이었다.

'불가능…'

당시에는 모두가 이런 생각을 떠올렸을 것이다.

엘런 머스크는 테슬라와 솔라시티를 창업한 이유에 대해 이렇게 밝힌 적이 있다.

"지구를 화석연료 의존에서 탈피시켜 기후변동에 대처해야 한다. 그래야 화성 이주를 실현할 시간을 벌 수 있다."

스페이스X에서 화성에 보낼 우주선을 만들려면 시간이 많이 걸린다. 그럴 동안에 지구는 점점 인구가 늘고 오염도 심해진다. 그런데 바꿔 말하면 오염을 줄이는 일부터 시작하면 지구가 큰 위험에 처하기 전에 화성에 갈 우주선을 만들 수 있다는 뜻이다.

'불가능…'

니콜라 테슬라에게 가졌던 의구심을 과연 머스크에게도 똑같이 적용할 수 있을까? 지금까지 그가 이루어 낸 일의 일부만 떼어놓고 생각해 보아도 섣불리 단정하기 어렵다.

〈비즈니스인사이드〉에서 적절히 표현했듯이, 머스크는 '자수성가한 억만장자self-billionaire'이다. 작은 기업으로 시작했지만 큰일을 이루어냈다. 그가 천재라서 가능했을까? 아니면 우리와는 전혀 다른 정신세계를 가지고 있어서일까?

〈포춘〉에서 21세기가 배출한 2명의 천재를 비교한 글을 실었다. 이글에는 그 두 명이 일반인과 무엇이 다른지에 대해, 고개를 끄덕일 만한 예리한 통찰이 담겨 있다. 테드(TED)의 큐레이터 크리스 앤더슨Chris Anderson이 쓴 이 글에서 지목한 2명의 천재는 바로 스티브 잡스와 엘런 머스크이다. 이 기사의 제목은 '천재성을 공유하는 엘런 머스크와 스티브 잡스The Shared Genius of Elon Musk And Steve Jobs'이다.

기사의 도입부에서는 두 사람의 공통점이 무엇인지부터 살짝 언급한다. 두 사람 모두 대학교를 중퇴했다. 잡스는 리드대학 철학과, 머스크는 스탠퍼드대학원을 불과 이틀 만에 중퇴했다. 또한 최초에 창업한 사업에서 성공했다는 공통점도 있다. 잡스는 무일푼으로 차고에서 애플을 창업했고, 머스크는 Zip2를 창업해서 무려 2,200만 달러를 손에 쥐었다. 또한 두 사람은 일종의 부업개념으로 시작한 사업, 즉 스티브 잡스는 애니메이션기업인 픽사Pixar에서, 머스크는 태양광 에너지기업인 솔라시티에서 성공을 거두었다. 그리고 두 사람은 모두 CEO로 재직하던 기업에서 해고당한 쓰라린 기억도 공통적으로 지니고 있다.

그러면서 앤더슨은 두 사람의 가장 중요한 공통점이 무엇인지 밝힌다. 바로 '보기 드문 정신적 특징의 소유자 a mental trait that is incredibly rare'라는 것이다. 그리고 이를 좀 더 구체적으로 '비범한 확신에서 비롯된 시스템 레벨의 디자인 씽킹'이라고 표현한다. 여기서 시스템 레벨의 디자인 씽킹이란 한마디로 '시스템 씽킹'을 말한다. 시스템 씽킹이란 사물이 개별적으로 무관해 보이지만 실은 알게 모르게 관련되어 있으며, 서로 영향을 주기 시작하면 어느 지점에 이르러 폭발하듯 새로운 현상이 창조된다는 이론이다. 이 새로운 현상을 이노베이션이라고 표현해도 지장이 없을 듯하다.

부언하면, 시스템 씽킹은 지금은 부분적으로 애매모호하지만, 전체적인 모습을 될수록 체계적으로 파악하는 방법이다. 말하자면 비록 코끼리를 직접 눈으로 본 적은 없지만, 벽돌 같은 코끼리 다리가 있고, 길고 야무진 코가 존재할 때 코끼리라는 동물을 전체적으로 그려내는 작업 정도에 비유할 수 있다. 당연히 상당한 지식과 상상력이 없으면 시도하더라도 무위로 끝날 가능성이 높다. 이에 대해 앤더슨은 시스템 씽킹이란 '어떤 획기적인 아이디어를 실현하는 데 필요한 것을 다방면으로 생각해낼 수 있는 자질(능력)'이라고 나름대로의 견해를 제시하고 있다. 여기서 '다방면'이란 기술, 아이디어 자체, 논리, 아이디어 실현에 필요한 디자인, 사업모델, 잠재고객이 저도 모르게 뛰어들고 싶게 만들려면 과연 무엇이 필요한지 등을 생각해내는 것을 의미한다.

앤더슨은 시스템 씽킹의 최종 목적인 이노베이션에 대해서도 보통사람과 천재가 어떻게 생각이 다른지 음악을 통해 비유하고 있다. 대다수 보통사람들이 생각하는 평범한 이노베이션은 기껏해야 새로운 멜로디를 작곡하는 정도Most innovation is like a new melody이고, 잡스나 머스크 같은 천재는 교향곡을 통째로 작곡For Jobs and Musk it's the whole symphony하는 수준이라는 것이다.

하지만 여러 분야에서 전문적이고 정통을 고수하는 사람들이 나름대로 훌륭한 업적을 달성하는 경우도 많고, 세상을 들었다 놓을 만큼 획기적인 아이디어가 있더라도 유감스럽게 그것을 실현하지 못하는 경우도 많다. 그렇다면 천재와 이러한 사람들의 차이는 과연 무엇일까?

이에 대해 앤더슨은 그 차이가 앞서 언급한 '비범한 확신에서 오는 힘'에 있다고 이야기한다. 세상을 뒤집어놓을 만큼 찬란한 아이디어는 그만큼 파격적이기 때문에, 다시 말해 사람들의 상식이나 상상의 틀을 훨씬 초월하기 때문에 대중의 지지나 이해를 얻기가 어렵다. 따라서 '잘 될 리가 없어', '애당초 무리야', '가능성이 희박해' 따위의 비난과 조소가 뒤따른다. 이 모든 스트레스를 이겨내고 자신이 구상하는 아이디어를 꼭 실현하겠다는 강한 신념이 필요하다는 뜻이다.

여기까지는 그럭저럭 이해하겠는데, 그렇다면 그 '강한 신념'이 대체 어떻게 생기는지 궁금해진다. 앤더슨은 여기에 대한 답도 제시하고 있다. 자신의 입장에서는 가능하다고 생각되는 미래와 자신의 마음 깊은 곳에 자리 잡고 있는 세상에 대한 인식, 즉 '세상은 이렇게 바뀌어야 해'라는 세계관이 딱 들어맞을 때 강한 확신이 생긴다고 한다. 말하자면 충분히 가능하다고 생각하는 미래에 관한 이미지(비전)가 확실한 형태로 자리 잡고 있을수록 거기에서 비롯된 확신이 거대하면서 강해진다는 뜻이다.

이를테면 머스크가 화성 유인 우주선 프로젝트를 발표하면서 '인류는 2026년에 화성에 도착할 것이며, 그곳에서 자립도시를 형성할 것이다'라고 한 발언은 황당무계한 허풍이 아니라 꼭 그렇게 되어야 한다는, 꼭 그렇게 될 수밖에 없다는 강한 확신에서 비롯된 생각이라고 볼 수 있다.

앤더슨은 이어서 잡스와 머스크의 강한 확신이 조금 다르다는 설명도 해주고 있다. 강한 확신을 구성하는 명쾌한 비전과 정열을 살펴보면, 먼저 잡스는 '적을수록 풍부하다', '간결한 것이 아름답다'는 식으로 단순함을 강조하는, 이른바 'Less is more'의 디자인 철학을 가지고 있었다. 더불어 앤더슨은 잡스가 어쩌면 머리가 이상해질 만큼 쿨하고 단순하며 아름다운 테크놀로지로 인해 순식간에 세상을 변모시키는 요소를 조합시켰는지도 모른다고 말한다.

이에 비해 머스크의 강한 확신에는 '물리법칙에 따른다면 불가능은 없다'라는 이론적인 비전이 토대를 이루고 있다. 스페이스X가 로켓의 재활용 가능성을 확인하기 위해 시행한 3번의 발사 시도에서 모두 실패했을 때, 미국에서 지난 반세기 동안 새롭게 출발한 자동차기업이 성공한 사례가 없다며 테슬라의 창립을 세상이 의심하고 비웃었을 때, 언론에서 전기 자동차는 아무나 만드는 것이 아니라고 조소를 보냈을 때에도, 물리법칙에 어긋나지 않기에 언젠가는 이루어낼 수 있다는 강한 신념이 머스크에게 중요한 버팀목이 되어 주었다.

머스크는 이렇게 말한 적이 있다.

"테슬라가 성공할지 어떨지는 자신할 수 없었다. 하지만 물리법칙에 따라 전기의 힘을 이용하면 보다 많은 단계를 건너 뛰어 혁신적인 자동차를 만들 수 있다고 생각했다."

실제로 머스크는 테슬라와 스페이스X 초창기에 이 두 기업이 실패할 가능성이 훨씬 높다고 인식했었다. 하지만 우리는 머스크가 자신의 아이디어를 실현할 가능성이 조금이라도 있으면 그 아이디어를 끝까지 추구했다는 점에 주목해야 한다.

크리스 앤더슨은 2명의 저명한 인물을 등장시켜 독자들에게 강한 신념을 가지려면 어떻게 해야 하는지를 안내해주며 칼럼을 마무리했다.

첫 번째 인물은 데이비드 도이치David Deutsch라는 물리학자로, 앤더슨은 그가 저술한 《무한대의 시작The Beginning of Infinity》에서 발췌한 낙관주의자의 정의를 소개하고 있다.

'낙관주의자를 정의하자면 이렇다. 물리법칙에 어긋나지 않는 문제는 어떤 경우든 언젠가 해결방법이 발견되리라고 우직하게 믿는 사람이 진짜 낙관주의자이다.'

앤더슨은 이러한 정의에 따르면 잡스보다는 머스크가 훨씬 더 낙관주의자라고 덧붙인다.

두 번째 인물은 극작가이자 소설가인 조지 버나드 쇼George Bernard Shaw로, 앤더슨은 이번에도 버나드 쇼의 말을 인용해 두 사람을 비교한다.

'합리적인 사고방식을 가진 사람은 자신을 주위에 적응시킨다. 반면에 비합리적인 사람은 주위를 자신에게 맞추게 하려고 끈질기게 시도한다. 세상에서 이루어진 모든 진보가 비합리적인 손에서 창조되는 이유가 바로 이 때문이다.'

앤더슨은 이러한 정의에 따르면 두 사람 모두 비합리적인 유형의 극단적인 사례가 된다고 말한다. 그리고 이런 글로 마지막을 장식한다.

'아무튼 2명의 천재 덕분에 세상이 많이 좋아졌다.'

● 스티브 잡스와 엘런 머스크

'아무튼 2명의 천재 덕분에 세상이 많이 좋아졌다.'
스티브 잡스, 그리고 엘런 머스크…
세상에서 이루어진 모든 진보는
비합리적인 손에서 창조된다.

🌕 국가도 기업도 비전을 잃으면 멸망한다

역사학자들은 어떤 민족이 망하는 3가지 원칙이 있다고 한다.

① 비전을 잃은 민족은 망한다.
② 모든 가치를 이익에만 두고 정신적 가치를 잃어버린 민족은 망한다.
③ 자국의 역사를 잊어버린 민족은 망한다.

비단 민족이 아닌 기업이나 개인에 대입시켜도 고개를 끄덕이게 만드는 내용이다.

스페이스X, 테슬라, 솔라시티에서 각각 추구하는 우주 로켓 개발, 전기 자동차, 태양광 에너지 중 어느 하나도 만만한 분야가 없다. 기업이 아니라 한 국가에서 추진하더라도 감당하기 어려운 분야들뿐이다. 머스크는 이 모든 것을 비교적 짧은 시간에 혼자서 해냈다. 감탄하지 않을 수 없다.

머스크에게 일이란 비전이나 정신적 가치 말고도 특별한 무언가가 있는 것 같다. 그는 '일'에 대해 이렇게 말한 적이 있다.

"창조정신Creative… 그리고 열정and Love."

말하자면 지속적으로 만들어내고, 지속적으로 좋아하는 것. 그것이 그에게는 일이다.

그는 '돈'에 대해서도 유쾌한 발언을 한 적이 있다.

"돈 때문에 악마로 변신하는 사람들이 있다. 하지만 나는 내가 번 돈을 어디에 쓸지 그 목적을 명확히 한다."

그는 페이팔을 팔아 번 돈으로 스페이스X를 설립했다. 그것은 위기에 처한 인류를 되도록 빠른 시간 내에 화성으로 이주시키기 위한 첫걸음이었다. 하지만 상상만으로는 현실이 되지 않는다. 그런 점에서 머스크의 '즉각적인 단행력'은 높이 평가할 만하다. 이렇듯 크게 성공한 기업가는 즉각 단행하는 기질이 많다.

머스크는 '정신적 가치'에 대해서도 이렇게 이야기한다.

"근거 없는 두려움은 무시해야 한다. 반면에 그 두려움이 합리적이고, 냉정히 생각했을 때 실패할 가능성이 높더라도, 도전할 가치가 있다면 그 두려움을 무시하고 전진해야 한다. 설사 실패하더라도 도전할 가치가 있기 때문이다."

스페이스X, 테슬라, 솔라시티는 모두 실패할 가능성이 컸던 기업이었다. 하지만 머스크 스스로 '나는 기본적으로 눈앞에 닥친 현실이나 미래에 대해 낙관론자'라고 말했듯이, 그는 자금의 압박, 경영 상의 마찰, 언론의 조롱을 그만의 낙관론으로 극복했다. 또한 머스크는 리더란 '자신의 손을 더럽히고, 사람들에게는 확신과 신뢰를 주어야 한다'라고 말하기도 했는데, 그 말에 대해 분명한 책임감이 있었던 것 같다. 새로운 문제가 발생하면 머스크는 직원들에게 늘 이렇게 말한다.

"그 문제가 무엇인지는 개의치 않는다I don't care what the problem is. 우리에게 필요한 것은 그 문제의 해결이다We need it resolved now."

이러한 철학이야말로 거대한 미개척지에 두 발을 들여놓고 다른 사람들을 위해 미리 터전을 일구기 시작한 머스크의 전부가 아닌가 싶다.

엘런 머스크, …ing

여기에는 이 책의 첫 출간 당시 담지 못했던 이야기와 출간 이후 진행된 엘런 머스크의 행보에 대한 이야기를 실었다. 앞으로도 여러 방식으로 '미래진행형 기업가'인 엘런 머스크의 이야기를 업데이트할 예정이다.

● 재활용이 가능한 유인 우주선 '드래곤 V2'의 개발

2014년 5월, 스페이스X는 현재 국제우주정거장ISS에 필요한 물품을 공급하고 있는 드래곤 V1의 기능을 훨씬 향상시킨 유인 우주선 '드래곤 V2'의 실물을 공개했다. 드래곤 V2의 외형은 드래곤 V1의 캡슐모형과 거의 흡사하다.

엘런 머스크는 드래곤 V2 실물 앞에서 기자들에게 그 기능과 특성을 직접 설명해주었다. 7명까지 탑승 가능한 드래곤 V2는 지상의 원하는 장소에 헬리콥터처럼 정밀한 소프트 랜딩이 가능하다고 한다. 또한 착륙 시 기체 손상이 적기 때문에 추진제만 보충하면 단시간에 재차 발사가 가능한 리사이클 구조를 갖추고 있다. 드래곤 V1은 로봇 암Robot Arm을 이용해 국제우주정거장의 선체를 파악한 후 결합하는 형태로 도킹했지만, 드래곤 V2는 로봇 암을 사용하지 않고도 정확히 도킹할 수 있다. 머스크는 3D 컴퓨터 그래픽을 이용한 가상 화면을 통해 이러한 모습을 시연해보이면서, 이것이 바로 드래곤 V1과 V2와의 가장 큰 차이점이라고 설명했다.

도킹임무를 마치고 국제우주정거장에서 분리된 드래곤 V2는 지구의 대기권을 빠져나와 지상으로 내려오는데, 이때 선체에 부착된 슈퍼 드라코Super Draco라는 8기의 엔진을 사용해 역분사함으로써 속도를 줄일 수 있으며, 선체에 달린 착륙 발을 펼쳐서 부드럽게 원하는 장소에 착륙할 수 있다고 한다. 반면에 기존의 로켓들은 대부분 낙하산을 펼쳐 속도를 줄이는 방식을 택하고 있다.

슈퍼 드라코 엔진은 드래곤 V1에 채용된 엔진인 드라코를 더욱 발전시킨 것으로, 드래곤 V2의 슈퍼 드라코는 하나의 엔진이 2기 1조로 구성되어 있다. 2개의 엔진을 합침으로써 힘 좋은 퍼포먼스를 이끌어낼 수 있도록 한 것이다. 머스크의 설명에 따르면, 슈퍼 드라코 엔진은 3D 프린트 기술로 틀을 만든 후 내열성과 내식성(부식이 일어나기 어려운 성질)이 좋은 인코넬Inconel 합금으로 제작했다고 한다. 또한 하나의 조합으로 이루어진 2대의 엔진은 쉘shell 상태의 방어벽으로 분리되어 있어서, 1대의 엔진이 정지하는 경우 다른 1대의 엔진이 추진력을 더해 부족한 힘을 채우는 구조로 되어 있다. 머스크가 공개한 가상 동영상에는 나오지 않았지만, 드래곤 V2 엔진은 착륙에 지장을 초래할 정도의 이상이 생기면 낙하산을 이용한 착륙도 가능하도록 설계되어 있다고 한다.

한편, 드래곤 V2 역시 스페이스X의 강력한 이미지인 재활용을 염두에 두고 제작되었다. 드래곤 V2의 아랫부분은 페놀수지를 카본수지와 결합한 재질로 되어 있다. 이것은 고열에 노출되는 부분에 사용되는 일종의 어블레이션ablation 소재의 하나로, 영구적은 아니지만 단기간 내에 다시 발사한다면 재활용이 가능하다는 장점이 있다.

머스크는 드래곤 V2 내부에 직접 들어가 파일럿 시트에 앉는 모

● 스페이스X의 드래곤 V2

습을 보여주기도 했는데, 앞서 언급했듯 그 안에는 상단에 4개, 하단에 3개의 의자가 배치되어 총 7명의 우주 비행사가 탑승할 수 있도록 만들어져 있다. 파일럿 시트에 앉아서 머리 위로 손을 뻗으면 오버헤드 디스플레이 형태로 되어 있는 조정 패널을 펼칠 수 있다. 이 패널은 기본적으로 스크린 터치방식으로 조작되지만, 고장이 날 경우 수동으로도 작동이 가능하다고 한다.

　스페이스X는 2015년 말까지 드래곤 V2에 사람을 태우지 않고 지구 밖 궤도로 발사하는 무인 테스트를 완료할 예정이며, 2016년에 첫 유인 비행 테스트를 실시하고, 2017년부터는 본격적인 유인 우주선 운행을 개시한다고 밝혔다. 현재 미국은 국제우주정거장에 우주 비행사를 보낼 때 1명당 7,000만 달러를 지불하는 조건으로 러시아의 소유즈Soyuz 우주선을 이용하고 있는데, 미국 CBS 뉴스 보도에 따르면 드래곤 V2가 유인 비행에 성공할 경우 이 비용을 2,000만 달러까지 낮출 수 있을 것으로 전망된다고 한다.

현재 NASA는 2017년 본격적인 운행을 예정으로 한 상업 유인 운송계획Commercial Crew Program을 추진하고 있다. 이 사업에는 스페이스X 외에 보잉, 시에라 네바다 코퍼레이션Sierra Nevada Corporation 등 3개의 기업이 진취적인 열의를 보이고 있다. 이를 위해 보잉은 현재 유인 우주선 'CST-100'를 개발하고 있으며, 시에라 네바다 코퍼레이션은 스페이스X와 마찬가지로 재활용을 염두에 둔 드림 체이서 Dreamchaser를 개발하고 있다. NASA는 2015년 여름부터 이 3개 업체에서 개발하고 있는 우주선 중 상업 유인 운송계획에 가장 적합한 것을 선정하는 작업을 진행할 예정이다.

● 마이크로 위성을 활용한 글로벌 인터넷 접속환경의 제공

2014년 11월, 엘런 머스크는 스페이스X 주도 하에 극히 낮은 비용으로 전 세계에 환경에 구애받지 않는 인터넷 접속환경을 제공하겠다는 계획을 밝히면서, 현재 '대규모 구성을 갖춰 가동하는 선진적인 마이크로 위성을 개발하는 초기 단계'에 있다고 이야기했다. 이와 관련해 〈워싱턴 포스트〉는 스페이스 X가 최대 700기基의 위성 선단fleet 구축과 발사계획을 세우고 있으며, 1기당 중량은 약 113kg 미만이 될 것이라고 보도했다. 머스크는 이에 대해 몇 가지 중요한 점이 보도된 내용과 다르다고 말했지만, 구체적으로 무엇이 다른지에 대해서는 특별히 언급하지 않았다.

〈블룸버그 통신〉에서는 스페이스X가 계획대로 마이크로 위성을

쏘아 올릴 경우 장기적인 수입원 확보가 가능할 뿐 아니라, 수입 중 일부를 머스크가 계획하고 있는 화성 자립도시 건설에 충당할 수도 있을 것이라고 보도했다.

한편, 페이스북과 구글에서도 스페이스X와 동일한 목표를 세우고 있다. 페이스북은 2014년 3월에 '인터넷을 모든 사람에게 제공하기 위해 무인기, 위성, 레이저의 사용방법을 모색하고 있다'고 밝혔으며, 구글은 '100억 달러가 넘는 자금을 투입해 백 수십 기의 저주회 低周回(궤도상에서 낮게 선회하는) 궤도 위성을 쏘아 올려 인터넷이 보급되지 않은 지역에도 서비스를 제공할 계획'임을 시사했다.

최근 머스크가 언론에 밝힌 바에 따르면, 스페이스X에서는 약 400기의 마이크로 위성을 제조해서 기존의 위성궤도보다 더 낮은 고도인 약 1,200km의 궤도로 쏘아 올릴 계획을 갖고 있으며, 이러한 우주 네트워크 개발에는 적어도 5년의 기간과 약 100억 달러의 비용이 들 것으로 추정하고 있다고 한다. 그의 계획대로 네트워크가 구축되면 데이터를 광섬유로 송수신하는 방식 대신 위성에서 위성으로 신호를 바운스bounce(데이터 신호를 징검다리처럼 툭툭 튀기게 함으로써 물리적인 제약을 뛰어넘는 방식)함으로써 인터넷 접속이 원활하지 않거나 인터넷 환경이 정비되지 않은 지역의 커뮤니티를 원활히 형성해줄 수 있으리라 예상된다. 이 프로젝트가 실행되면 세계 최대 위성업체인 이리듐 커뮤니케이션Iridium Communication이 운용하는 위성 선단Fleet의 10배 이상 규모가 될 것으로 예상된다. 머스크는 향후 화성에서도 이러한 글로벌 커뮤니케이션 시스템을 활용할 계획이라고 밝혔다.

엘런 머스크 어록 –
엘런 머스크가 엘런 머스크를 말하다.

이 내용은 이 책의 내용을 되돌아보는 의미에서 엘런 머스크가 언론 인터뷰 등을 통해 밝힌 의견들을 모아놓은 것입니다. 대부분 본문 중에 수록된 내용임을 미리 밝힙니다.

"나에게 일이란 창조정신(Creative)과 열정(Love)이다."

"돈 때문에 악마로 변신하는 사람들이 있다. 하지만 나는 내가 번 돈을 어디에 쓸지 그 목적을 명확히 한다."

"훌륭한 제품을 만들지도 않으면서 훌륭한 기업으로 키우겠다고 큰소리치는 사람들이 의외로 많다는 데 놀랄 때가 있다. 경영자의 중요한 자질은 탁월한 제품과 서비스 창출에 집중하는 것이다."

"나는 기본적으로 눈앞에 닥친 현실이나 미래에 대해 낙관론자이다."

"스페이스X의 첫 번째 임무는 기존의 로켓 개발업체들이 가진 오래된 사고방식을 정면 돌파하는 것이다!"

"(내가 정부의 대출금을 9년이나 앞당겨 갚은 이유는) 국민의 세금은 가능한 빨리 돌려주어야 한다고 생각했기 때문이다."

"사람들이 자동차를 구입하는 이유는 언제 어디든 갈 수 있는 '자유' 때문이다."

"전통적인 자동차업계에서는 21세기에 최적화된 자동차가 나올 수 없다."

"지구를 화석연료 의존에서 탈피시켜 기후변동에 대처해야 한다. 그래야 화성 이주를 실현할 시간을 벌 수 있다."

"(나는) 사람들이 소중히 여기는 가치가 무엇인지를 깊이 생각해 본다. 그러한 가치를 눈에 보이는 형태로 만들면 사람들은 기꺼이 돈을 지불한다. 나는 돈이라는 것이 늘 사회(다른 사람들)가 필요로 하는 방향으로 흐른다고 생각한다."

"무엇을 질문해야 할지가 가장 생각해내기 어렵다. 하지만 핵심을 찌르는 질문만 생각해낸다면 나머지는 의외로 간단하다."

"아이디어를 실행하기는 그것을 생각해내는 것보다 훨씬 어렵다."

"나는 어떤 새로운 일을 시작할 때 물리법칙을 철저히 응용한다."

"(나는 스페이스X, 테슬라, 솔라시티를 동시에 운영하기 위해) 많이 일합니다. … 어떡하든 많이 일합니다."

"오늘(팰컨 1 발사에 성공한 날)은 내 인생 최고의 날이다! 우리가 해온 노력이 옳았음을 증명해냈다!"

"섹시한 제품을 만들어, 그것으로 세상을 구한다. 이보다 쿨한 것은 없다."

"기업의 경영자가 나에게 조언을 구한다면 이렇게 말하겠다. 제품의 곁을 떠나지 말고, 가능한 좋고 훌륭하게 개선될 때까지 끊임없이 현장에서 매달릴 것!"

"근거 없는 두려움은 무시해야 한다. 반면에 그 두려움이 합리적이고, 냉정히 생각했을 때 실패할 가능성이 높더라도, 도전할 가치가 있다면 그 두려움을 무시하고 전진해야 한다. 설사 실패하더라도 도전할 가치가 있기 때문이다."

"만일 내게 충분한 자금력이 있다면, 화성에 보내는 우주 로켓을 개발하는 일이야말로 가치 있는 돈의 쓰임새다. 설혹 그것으로 돈은 벌지 못할지언정."

"인류가 발전하려면 먼저 지구의 구조를 이해해야 한다."

"나는 개인적으로 돈을 거의 쓰지 않는다. 옷도 보통 청바지에 티셔츠를 입는다. 가족 여행 등을 제외하면 휴가도 거의 없다."

"(경영자의 조건은) 밝은 미래가 온다고 사람들을 믿게 만드는, 그런 일을 만들어내는 것이다."

"석유업체들이 기득권을 유지하려고 전기 자동차 반대 로비를 펼치고 있다. 마치 이전에 담배업체들이 담배에 아무런 해가 없다며 대대적인 광고를 했던 상황을 연상시킨다."

"그 문제가 무엇인지는 개의치 않는다. 우리에게 필요한 것은 그 문제의 해결이다."

"나는 새롭게 발견하거나 발명한 것이 있으면 친구에게 어디가 좋고 마음에 드는지 물어보지 않는다. 오히려 어디가 나쁘고 마음에 들지 않는지를 물어본다. 상대에게 상처를 주지 않으려고 애쓰는 존재가 친구이기 때문이다."

"경영자에게는 비판을 겸허하게 듣고, 늘 비판을 요구하는 태도가 필요하다. 사람은 원래 귀에 거슬리는 말은 듣고 싶어 하지 않는 법이다. 그렇다고 비판을 듣지 않는다면 우리가 제일 범하기 쉬운 실패에 빠지게 된다."

네티즌이 묻고 엘런 머스크가 답하다

세계적인 인터넷 게시판 레딧(Reddit)의 '무엇이든 물어보세요(Ask Me Anything, AMA)' 세션에는 전 세계 네티즌들이 엘런 머스크에게 보낸 1만 건 이상의 질문 중 그가 직접 답변한 약 30건의 내용이 올라와있다. 그중 일부를 여기에 담았으며, 필요한 경우 주석을 달았다.

Q 현재 스페이스X는 기존의 로켓 기술방식을 채용하고 있는데, 영국에서 개발 중인 사브레(SABRE, Synergistic Air-Breathing Rocket Engine)처럼 하이브리드 크래프트(Hybrid Craft, 혼합형 기술), 혹은 구글이나 NASA에서 계획 중인 우주 엘리베이터에 대해 고려해본 적이 있나?

※ 사브레(SABRE)는 영국에서 2014~2016년에 걸쳐 약 1,000억 원을 들여 개발할 예정인 축소엔진 모델을 말한다. 로켓은 보통 이륙하고 나서 초음속 비행에 필요한 새로운 엔진을 가동시키는데, 사브레 프로젝트는 '상황에 따라 엔진 여러 개가 필요한 로켓을 1단 로켓 하나만으로 전부 가동시킬 수 없을까' 하는 난제를 극복하려는 시도이다.

A 지구 궤도나 그 너머에 도달하고 싶다면 순수한 로켓이 낫다고 생각한다. 폰 브라운, 코롤로프는 로켓에 대해 무지한 사람들이 아니었다. 그들은 실로 총명했다.

※ 폰 브라운은 로켓 개발의 아버지로 칭송되는 독일의 과학자이고, 코롤로프는 러시아 로켓 개발에 선구적인 역할을 맡았던 세르게이 코롤로프를 말한다. 기존의 리튬 이온 배터리를 전기 자동차에 응용했듯이 머스크는 전혀 새로운 발상이 아닌 기본적이고 탄탄한 기존의 로켓 기술을 바탕으로 개량하겠다는 그의 독특한 커머디티 정신을 언급하고 있다.

Q 역경이나 고난을 겪고 있는 사람들에게 조언을 해준다면?

A 윈스턴 처칠(Winston Churchill)이 남긴 유명한 말로 대신하겠다. '만일 지옥 한 가운데 있다면, 그대로 돌진하는 게 낫다(If You are going through hell, Keep going).'

Q 당신의 학창시절에 교사에게서 받은 특별한 교육이 있다면?

A 내 기억 속의 최고의 교사는 초등학교 때 교장이었다. 수학담당 교사가 그만두는 바람에 그분이 대신 수업을 진행했었는데, 우리에게 익숙한 학습계획(syllabus)을 전혀 다른 방식으로 바라보게 해주었다. 그분은 수학시간의 전반부는 엄청나게 공부를 시키고, 후반부에는 그가 2차 대전에 참전했을 때 겪은 흥미진진한 전투 이야기를 들려주었다. 우리는 전반부에 그의 수업을 부지런히 쫓아가지 않으면 그 이야기를 들을 수 없었기 때문에 정말 열심히 공부했던 기억이 난다.

Q 하루 평균 수면시간은?

A 스마트폰으로 측정하고 있는데, 평균적으로 6시간이다.

Q 좋아하는 비디오 게임은?

A 바이오쇼크(Bioshock), 폴아웃(Fallout), 매스 이펙트(Mass Effect)와 같은 스토리가 내재된 FPS 게임을 좋아한다. 또한 Civ, 워크래프트(Warcraft)도 좋아하는 편이다.

※ FPS(First Person Shooting Game)는 1인칭 시점으로 즐기는 슈팅 게임으로, 대표적인 게임으로는 둠(Doom), 퀘이크(Quake), 서든 어택(Sudden Attack) 등이 있다.

Q 당신은 우주 로켓, 전기 자동차, 태양광 에너지까지 광범위한 사업을 펼치고 있다. 우주공학, 기계공학, 전자공학, 소프트웨어 개발을 비롯해 그 하위 분야까지 정통한 듯한데, 어떻게 그렇게 빨리 배울 수 있었나?

A 사실 머리가 꽉 찰 지경이다. 지금 내 머리 속은 컨텍스트 스위치(context switch)가 혼선을 자주 일으켜 페널티(penalty, 실수 또는 혼선)가 많아지는 추세다. 프로세스 분리도 이전처럼 영리하게 되지 않는다. 솔직히 털어놓자면 대부분의 사람들은 자신이 생각한 것보다 훨씬 더 많이 배울 수 있다. 그런데 도전해보지도 않고 자기 자신을 과소평가하고 있다. 어쩌면 스스로 생각하는 것보다 훨씬 더 많이 자기 자신을 제한하고 있는지도

모른다. 중요한 것은 어쨌든 시도(try)해보는 것이다. 지식은 일종의 시맨틱 트리(semantic tree)로 비유할 수 있다. 열매와 잎을 보기 전에, 그 열매와 잎을 키우는 토대가 되는 가지(tree)의 원리를 충분히 이해해두면 흔들림이 없다.

※ '컨텍스트 스위치'는 서로 다른 분야에서 공통점을 찾아 새로운 발견을 하는 사고방식을 말한다. '시맨틱 트리'는 검색엔진 등에 사용되는 방식으로, 가령 엘런 머스크라는 검색어를 입력하면 단순한 인물정보뿐만 아니라, 스페이스X, 테슬라, 엘런 머스크 어록, 솔라시티의 주가 같은 그 인물과 관련된 항목을 전부 검색결과에 보여주는 것을 말한다. 일종의 '의미론적인 접근방식'을 일컫는다.

| 참고문헌 및 웹사이트 |

●도서

《인간실험 ; 바이오스피어 2, 2년 20분》, 제인 포인터 지음, 알마
《사무라이 윌리엄》, 가일스 밀턴 지음, 생각의 나무
《Winning without Losing ; 66 Strategies for Succeeding in Business While Living a Happy and Balanced Life》, Martin Bjergegaard & Jordan Milne, Pine Tribe Ltd.
《イーロン・マスクの野望 未來を變える天才經營者》, 竹內一正, 朝日新聞出版

●웹사이트

www.washingtonpost.com
www.forbes.com
www.business2community.com
www.teslamotors.com
www.global-autonews.com
elonmusk.com
www.businessinsider.com
www.smithsonianmag.com
www.spacex.com
wikipedia.org
www.ted.com
www.nikkei.co.jp
www.marketwatch.com
www.asahi.com
www.benedict.co.jp
www.sankei.jp

www.corism.com
www.solarcity.com
www.nationalgeographic.co.jp
www.toyokeizai.net
www.ggsoku.com
www.autoexpress.co.uk

● 기타
〈중앙일보〉
〈파퓰러사이언스〉
〈한경매거진〉
〈이코노미플러스〉
〈The Telegraph〉
〈The Huffington Post〉
두산백과
한국 브리태니커 사전